Objectif 8 M… mondial pour le développement

- Poursuivre la mise en place d'un système commercial et financier multilatéral ouvert, fondé sur des règles, prévisible et non discriminatoire. Cela suppose un engagement en faveur d'une bonne gouvernance, du développement et de la lutte contre la pauvreté, aux niveaux tant national qu'international

- S'attaquer aux besoins particuliers des pays les moins avancés. La réalisation de cet objectif suppose l'admission en franchise et hors contingents de leurs exportations, l'application du programme renforcé d'allégement de la dette des pays pauvres très endettés, l'annulation des dettes bilatérales envers les créanciers officiels, et l'octroi d'une aide publique au développement plus généreuse aux pays qui démontrent leur volonté de lutter contre la pauvreté

- … aux besoins particuliers des Etats enclavés et des petits Etats insulaires en développement

- Traiter globalement le problème de la dette des pays en développement par des mesures d'ordre national et international propres à rendre leur endettement viable à long terme

- En coopération avec les pays en développement, créer des emplois décents et productifs pour les jeunes

- En coopération avec l'industrie pharmaceutique, rendre les médicaments essentiels disponibles et abordables dans les pays en développement

- En coopération avec le secteur privé, mettre les avantages des nouvelles technologies, en particulier des technologies de l'information et de la communication, à la portée de tous

Scolarisation

Selon les objectifs de développement du millénaire, tous les enfants pourront suivre l'ensemble du cycle primaire d'ici 2015. La scolarisation primaire est déjà une réalité dans de nombreuses économies de l'Asie de l'Est et d'Amérique latine. En revanche, de nombreux pays d'Afrique Sub-Saharienne n'ont encore affiché aucune amélioration de la scolarisation entre 1990 et 2000.

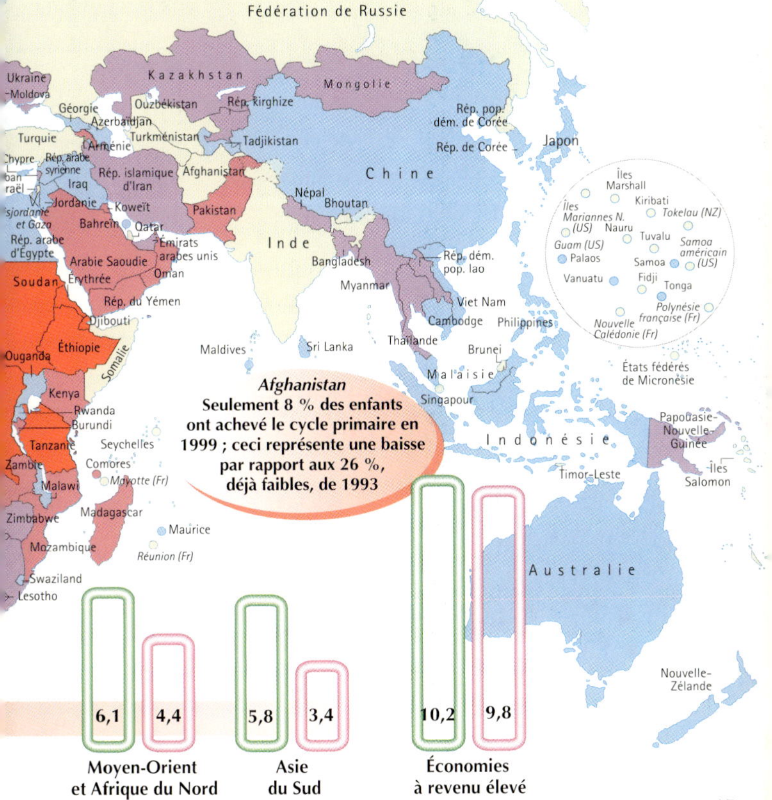

TAUX D'ANALPHABÉTISME

En % de la population,
personnes de 15 ans ou plus *2001*

- 70 % et plus
- 50 % – 69 %
- 30 % – 49 %
- 10 % – 29 %
- moins de 10 %
- données non disponibles

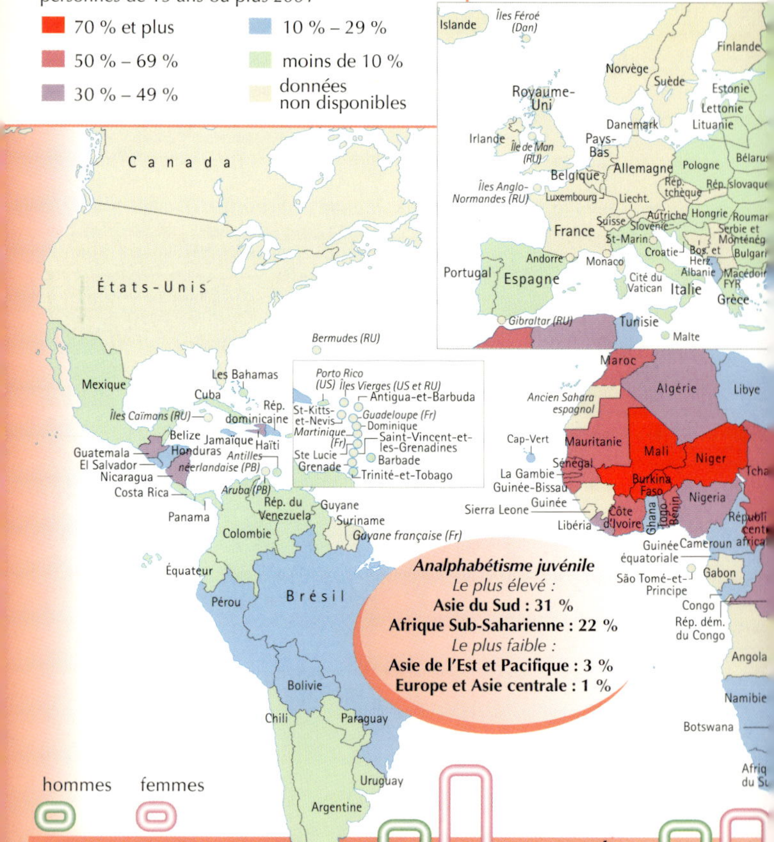

Analphabétisme juvénile

Le plus élevé :
Asie du Sud : 31 %
Afrique Sub-Saharienne : 22 %
Le plus faible :
Asie de l'Est et Pacifique : 3 %
Europe et Asie centrale : 1 %

hommes — femmes

DIFFÉRENCE ENTRE LES SEXES

% d'hommes et de femmes analphabètes dans les économies à revenu faible et intermédiaire personnes de 15 ans ou plus *2001*

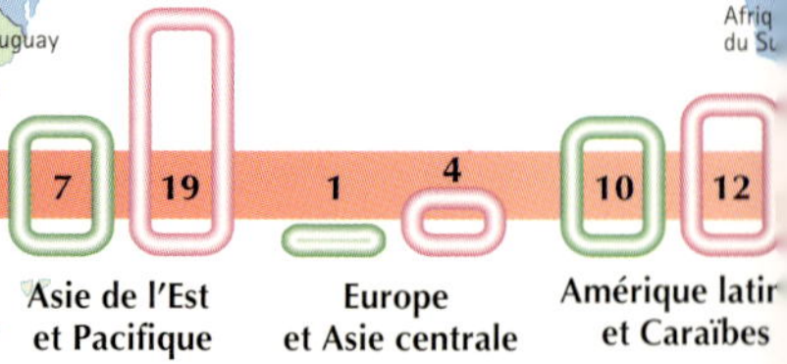

L'analphabétisme des adultes a diminué dans le monde entier. Le taux d'analphabétisme est passé de 30 % en 1990 à 24 % en 2001 dans les économies à revenu faible et intermédiaire.

Les femmes **représentent deux tiers des 860 millions d'analphabètes dans le monde, mais dans les économies en développement, le taux d'analphabétisme des femmes est passé de 38 % en 1990 à 30 % in 2001**

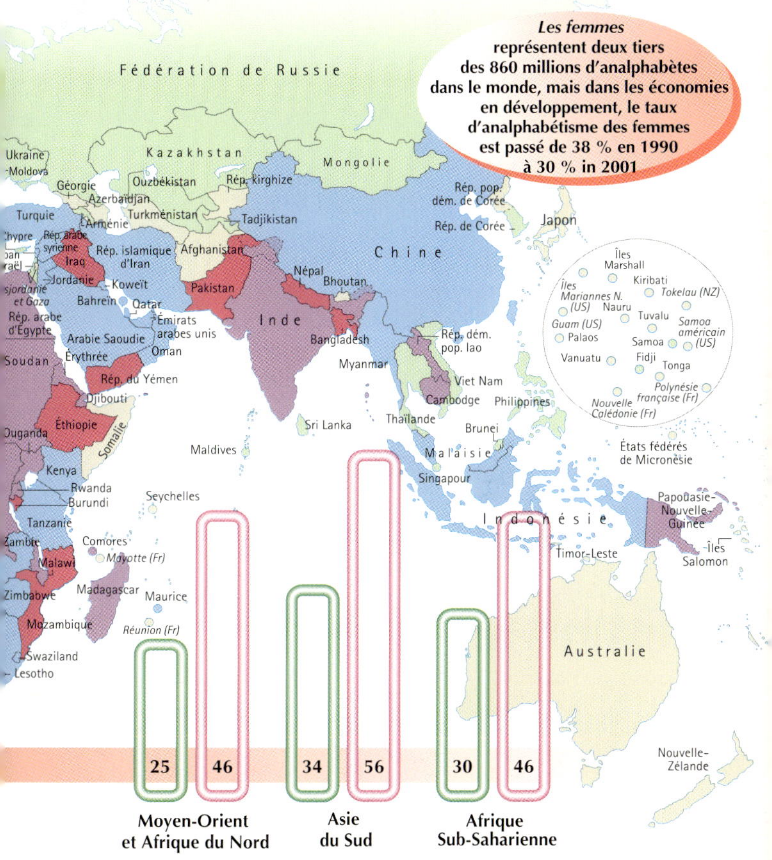

EAU SALUBRE

% de personnes ayant accès à une source d'eau améliorée
2000

- 100 %
- 80 % – 99 %
- 60 % – 79 %
- 40 % – 59 %
- moins de 40%
- données non disponibles

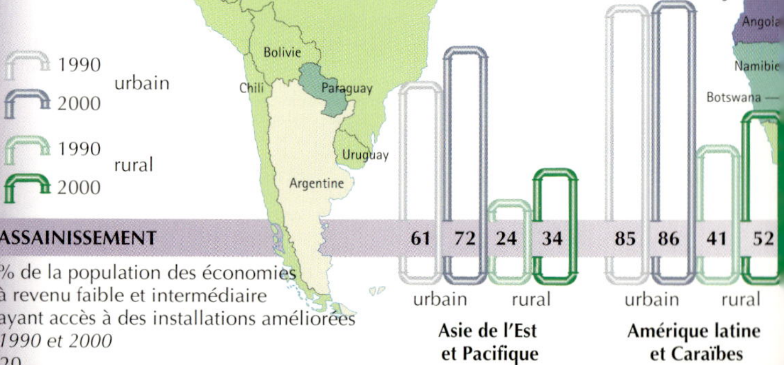

ASSAINISSEMENT

% de la population des économies à revenu faible et intermédiaire ayant accès à des installations améliorées
1990 et 2000

Eau et assainissement

De l'eau salubre et un assainissement de base sont nécessaires pour réduire le risque de maladie. Bien que la plus grande partie de la population ait accès à l'eau, un grand nombre de personnes ne bénéficient pas d'un assainissement de base. Selon l'objectif de développement du millénaire, 1,5 milliard de personnes auront accès à de l'eau salubre et 2 milliards de personnes à des installations d'assainissement d'ici 2015.

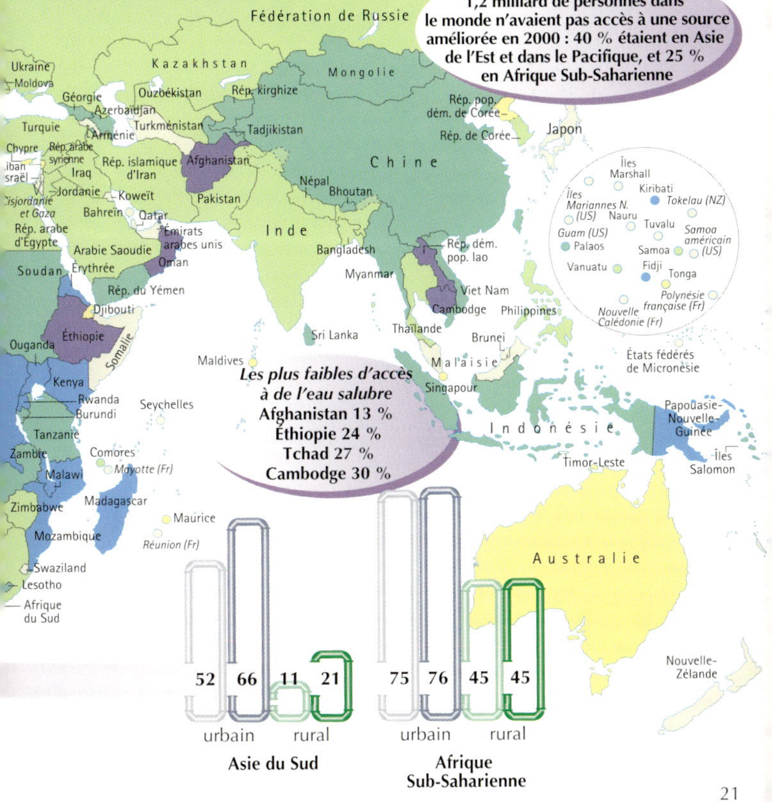

ENFANTS DE MOINS DE CINQ ANS

Taux de mortalité pour 1 000 naissances vivantes
2001

- 200 et plus
- 100 – 199
- 60 – 99
- 30 – 59
- moins de 30
- données non disponibles

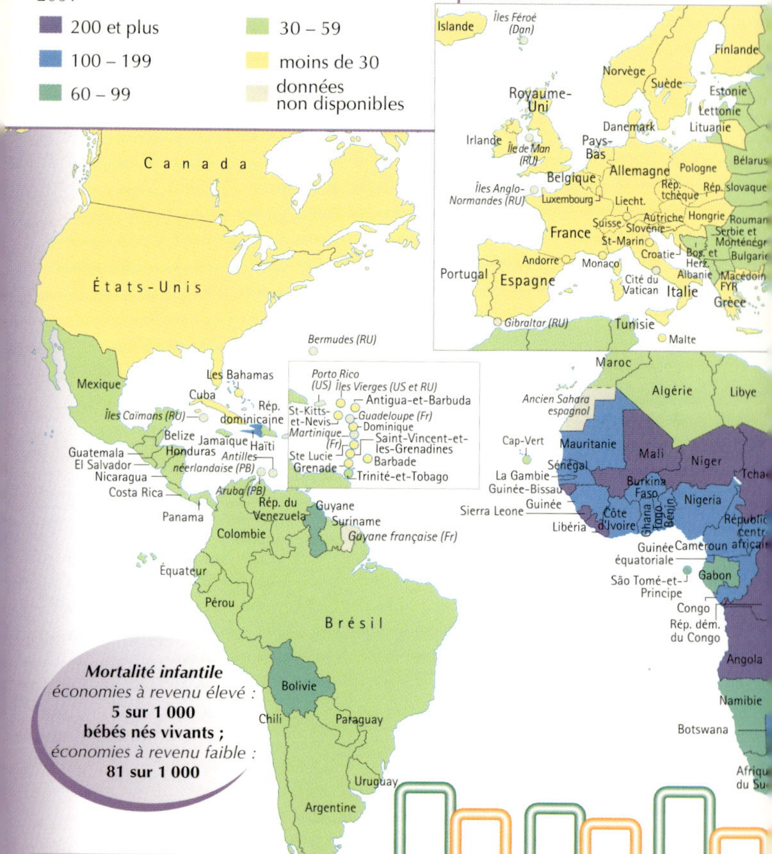

Mortalité infantile
économies à revenu élevé :
5 sur 1 000 bébés nés vivants ;
économies à revenu faible :
81 sur 1 000

TENDANCES DE LA MORTALITÉ INFANTILE

Décès pour 1 000 naissances vivantes dans les économies à revenu faible et intermédiaire *1990 et 2001*

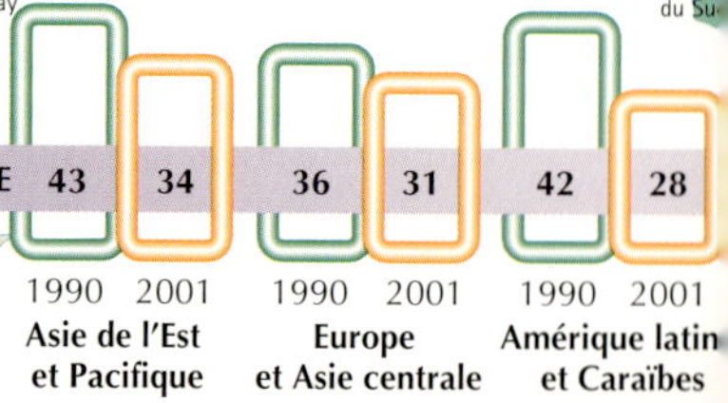

Mortalité infantile

Seuls 29 pays à revenu faible et intermédiaire progressent suffisamment rapidement pour atteindre l'objectif de développement du millénaire : réduire de deux-tiers la mortalité des enfants de moins de cinq ans entre 1990 et 2015.

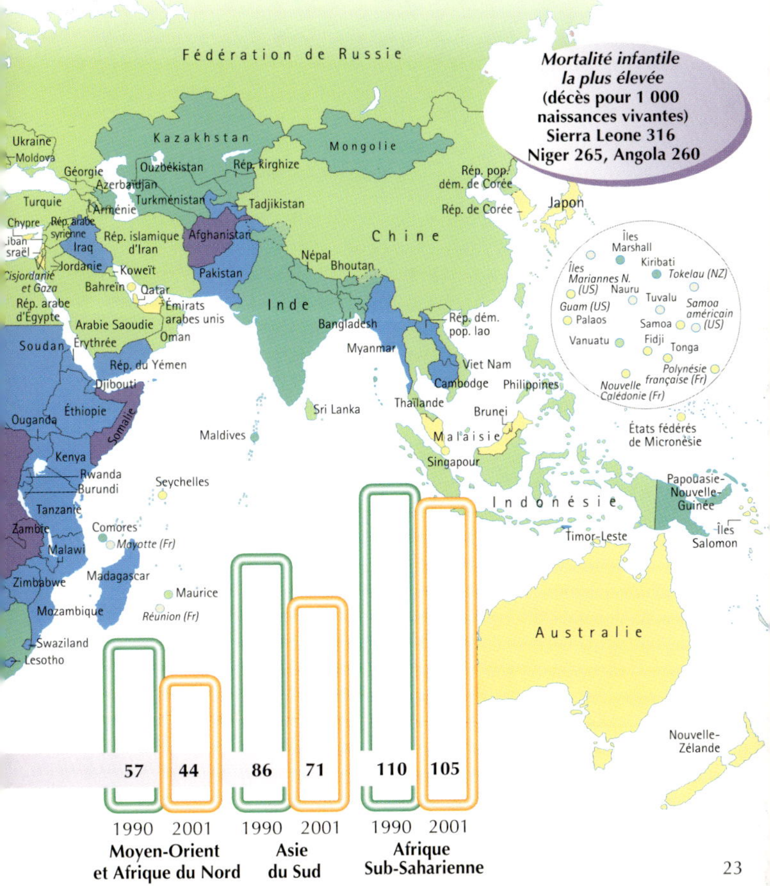

VIVRE AVEC LE VIH/SIDA

% d'adultes infectés
entre 15 et 49 ans
2001

- 20 % et plus
- 10 % – 20 %
- 5 % – 9,9 %
- 0,5 % – 4,9 %
- moins de 0,5 %
- données non disponibles

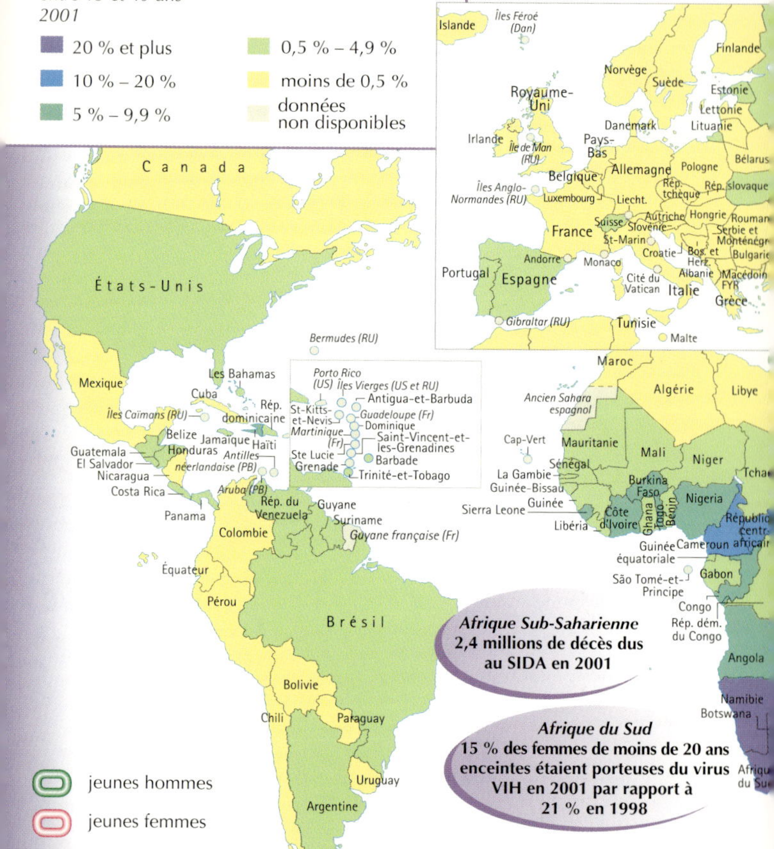

LES JEUNES ET LE VIH

% de jeunes de 15 à 24 ans
atteints du VIH *en 2001*

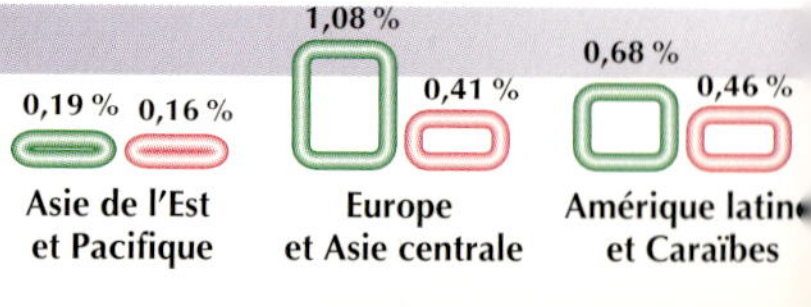

Actuellement dans le monde, 42 millions de personnes vivent avec le VIH/SIDA. En 2002, 5 millions d'entre elles ont été déclarées nouvellement infectées par le VIH et 3,1 millions sont décédées du SIDA. L'épidémie se propage rapidement dans de nouveaux territoires. Son taux de propagation est le plus élevé dans certaines parties d'Europe et d'Asie centrale. Selon ONUSIDA, si des mesures efficaces ne sont pas prises, 11 millions de personnes supplémentaires seront infectées par le VIH en Asie d'ici 2007.

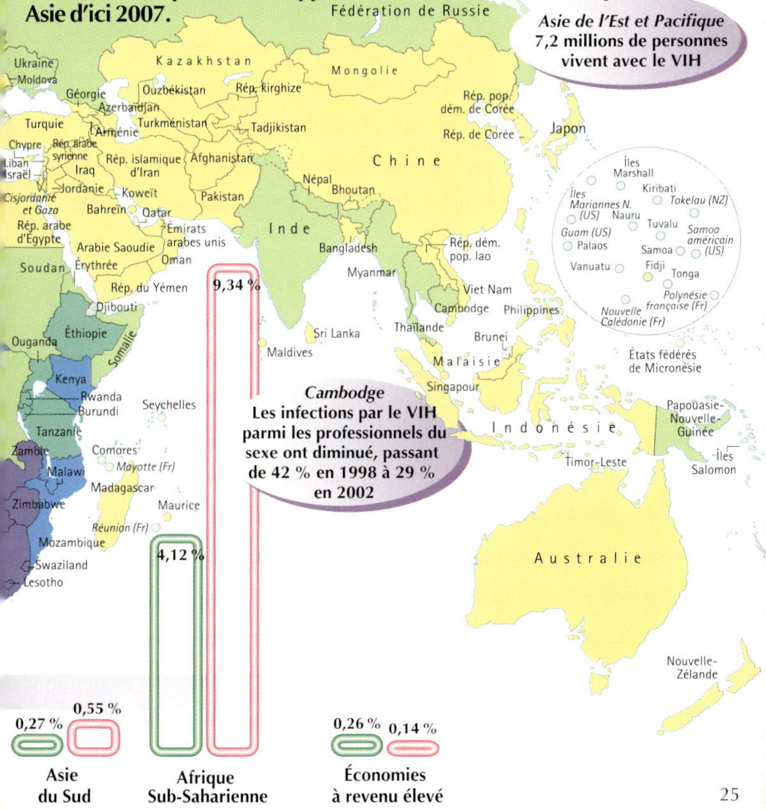

VIVRE DANS LA PAUVRETÉ

% de personnes vivant avec moins de 2 dollars par jour
PPA $ *1997 ou données les plus récentes disponibles*

- 80 % et plus
- 60 % – 79 %
- 40 % – 59 %
- 20 % – 39 %
- moins de 20 %
- données non disponibles

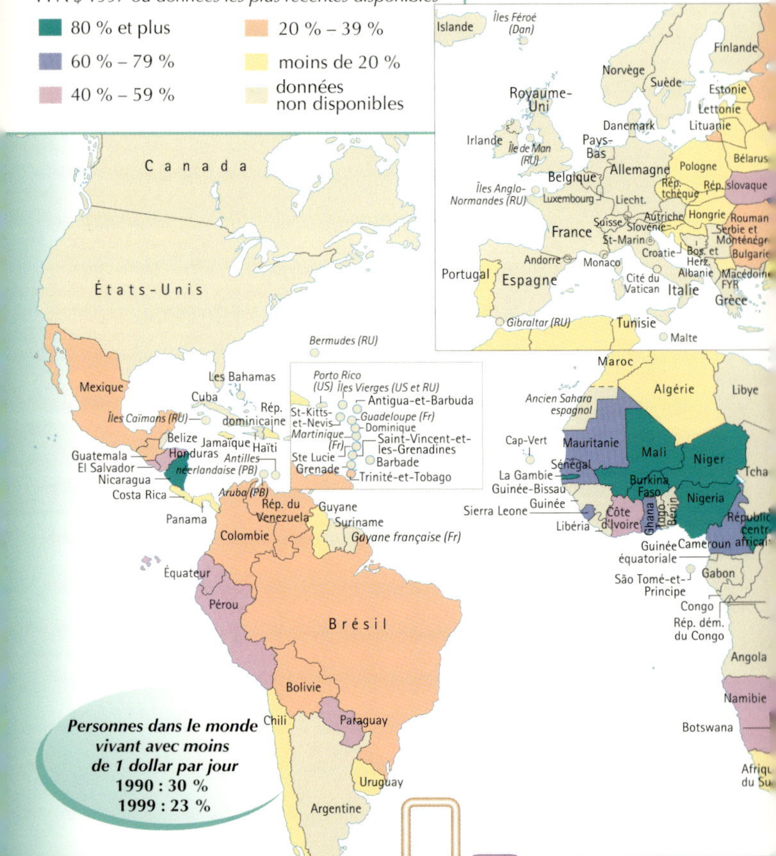

Personnes dans le monde vivant avec moins de 1 dollar par jour
1990 : 30 %
1999 : 23 %

PAUVRETÉ ABSOLUE

% de personnes vivant avec moins de 1 dollar par jour dans les économies à revenu faible et intermédiaire *1990 et 1999*

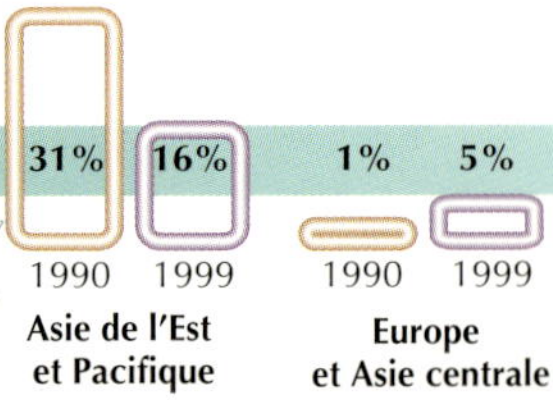

La pauvreté est définie différemment en fonction de l'économie et de la culture. La mesure internationale de la pauvreté absolue – personnes vivant avec moins de 1 dollar par jour – correspond au seuil de pauvreté des économies en développement les plus pauvres. Dans les économies plus riches, les seuils de pauvreté régionaux ou nationaux sont établis à 2 ou 3 dollars par jour ou plus.

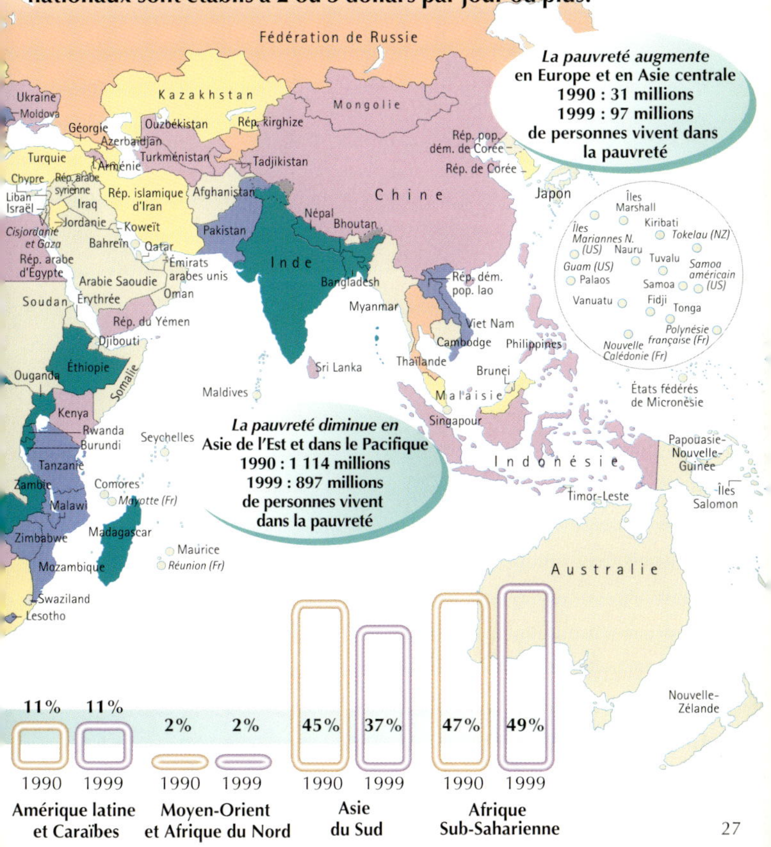

PRODUIT COMPARATIF

Revenu national brut (RNB) par habitant en dollars
2001

- 9 076 dollars et plus (économies à revenu élevé)
- 2 936 – 9 075 dollars (économies à revenu intermédiaire élevé)
- 736 – 2 935 dollars (économies à revenu intermédiaire faible)
- 735 dollars et moins (économies à revenu faible)
- données non disponibles

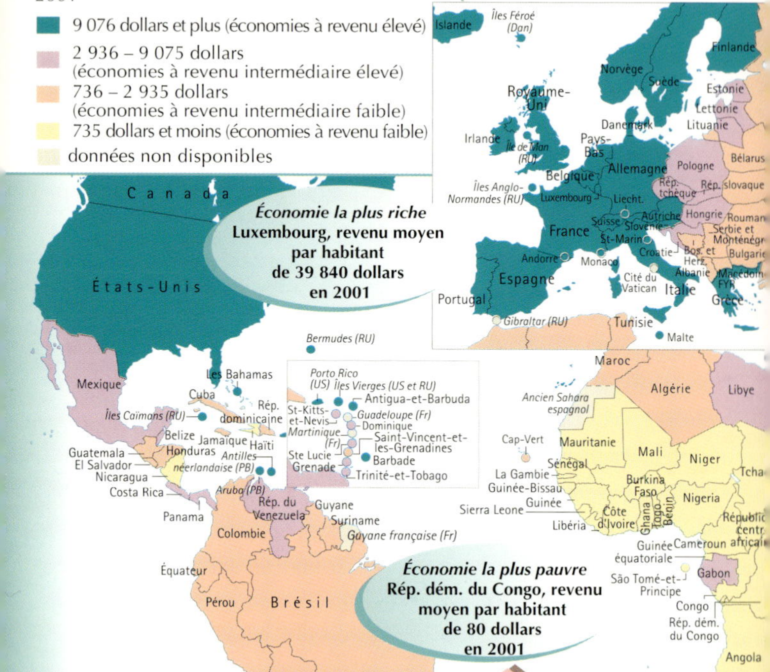

Économie la plus riche
Luxembourg, revenu moyen par habitant de 39 840 dollars en 2001

Économie la plus pauvre
Rép. dém. du Congo, revenu moyen par habitant de 80 dollars en 2001

CROISSANCE PROJETÉE

Taux de croissance annuel du PIB dans les économies à revenu faible et intermédiaire *2003 – 2010*

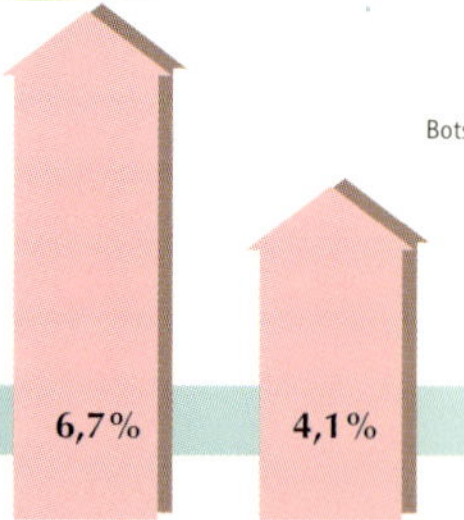

Asie de l'Est et Pacifique **Europe et Asie centrale**

Revenu national

Les 2,5 milliards de personnes vivant dans des économies à faible revenu ont un revenu annuel moyen de 430 dollars. Cette moyenne n'est que de 80 dollars par personne dans certaines économies. Elle s'élève en revanche à 1 860 dollars pour les 2,7 milliards de personnes vivant dans des économies à revenu intermédiaire, et à 26 510 dollars par personne dans les économies à revenu élevé.

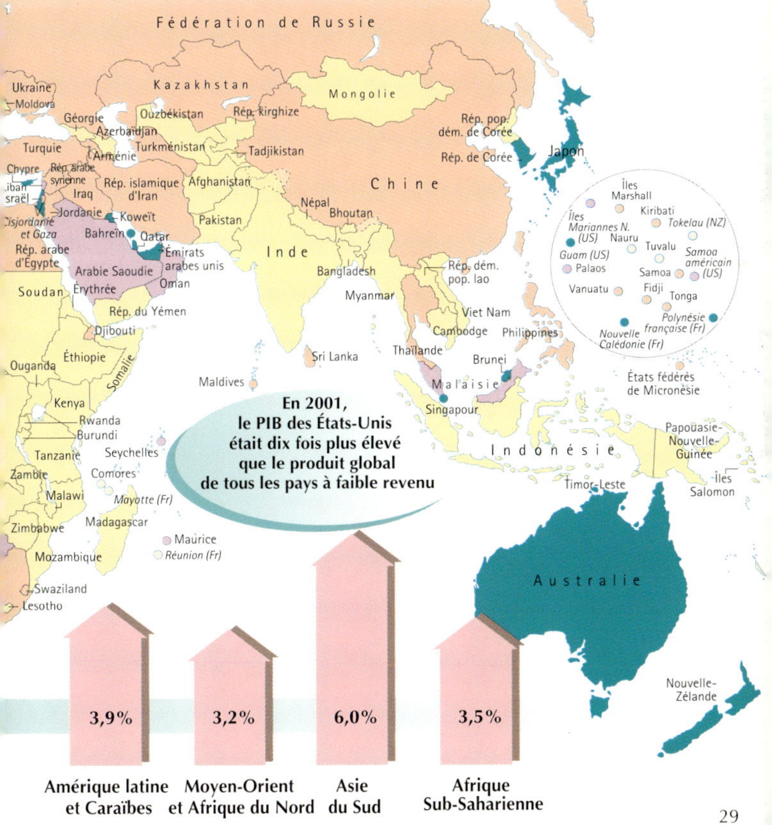

En 2001, le PIB des États-Unis était dix fois plus élevé que le produit global de tous les pays à faible revenu

IMPORTANCE DE L'INVESTISSEMENT ÉTRANGER

Investissement direct étranger
millions de dollars
2001

- 100 000 dollars et plus
- 10 000 – 99 999 dollars
- 1 000 – 9 999 dollars
- 100 – 999 dollars
- moins de 100 dollars
- données non disponibles

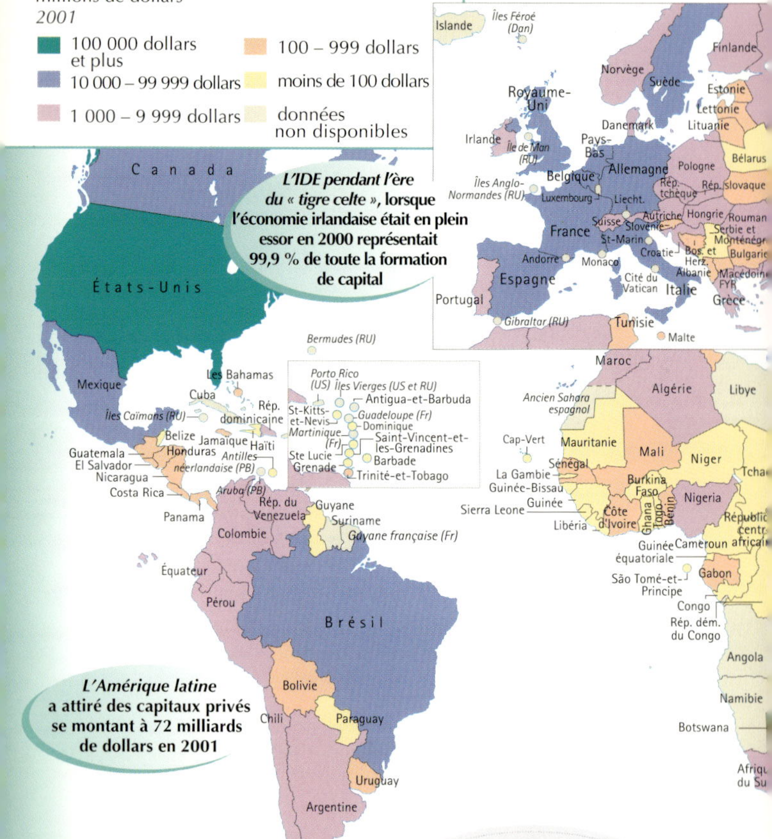

RÉPARTITION DE L'IDE

IDE net
Dollars US *2001*

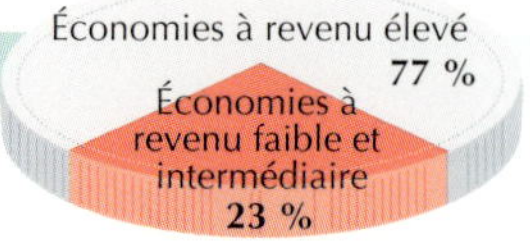

IDE total : 746 milliards de dollars

L'investissement direct étranger (IDE) a plus que triplé entre 1990 et 2001. Le montant alloué aux économies à revenu faible et intermédiaire est passé de 24 milliards à 171 milliards de dollars. La plus grande partie des capitaux privés a été investie en Amérique latine, en Asie de l'Est, en Europe et en Asie centrale.

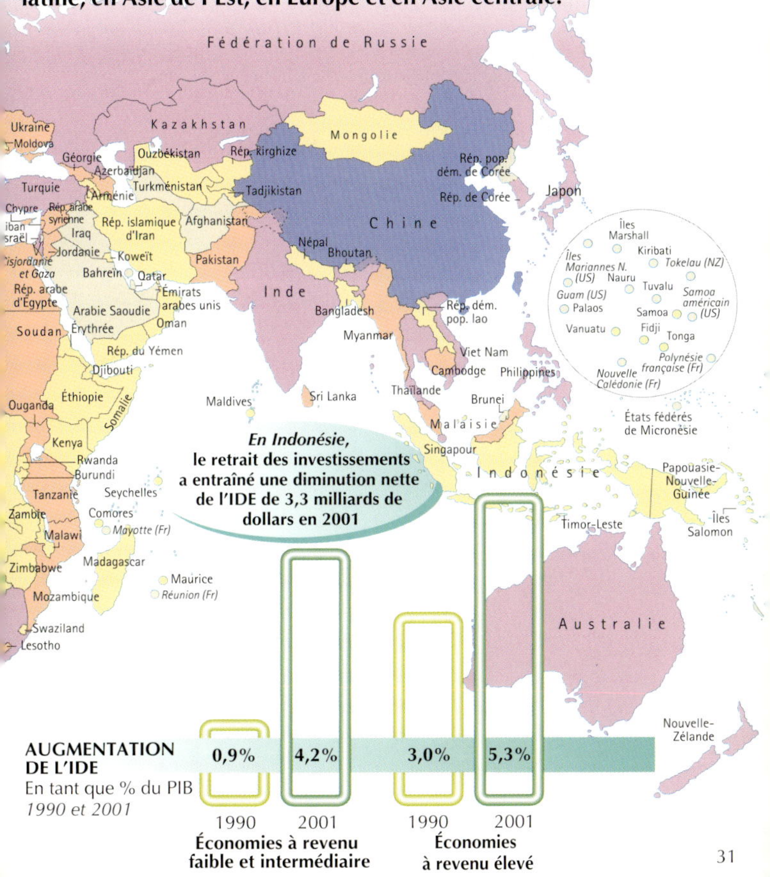

En Indonésie, **le retrait des investissements a entraîné une diminution nette de l'IDE de 3,3 milliards de dollars en 2001**

AUGMENTATION DE L'IDE
En tant que % du PIB
1990 et 2001

REMBOURSEMENTS

Service de la dette extérieure en % des exportations de biens et de services

2001

- 25 % et plus
- 10 % – 24,9 %
- moins de 10 %
- aucune dette signalée
- pays pauvres très endettés

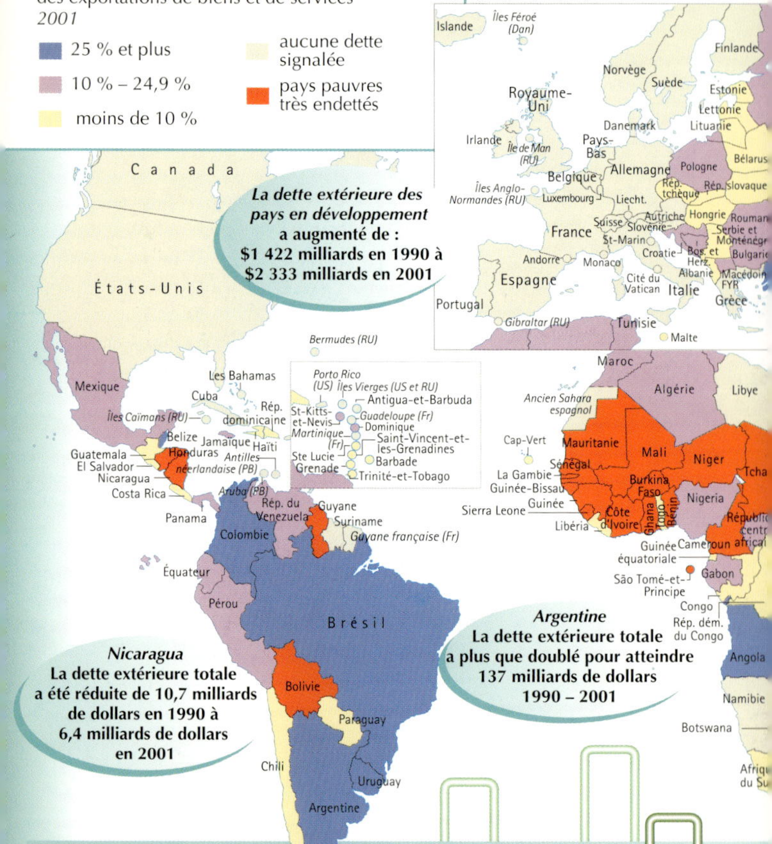

***La dette extérieure des pays en développement* a augmenté de : $1 422 milliards en 1990 à $2 333 milliards en 2001**

Nicaragua
La dette extérieure totale a été réduite de 10,7 milliards de dollars en 1990 à 6,4 milliards de dollars en 2001

Argentine
La dette extérieure totale a plus que doublé pour atteindre 137 milliards de dollars 1990 – 2001

SERVICE DE LA DETTE EXTÉRIEURE

En % des exportations de biens et de services dans les pays à revenu faible et intermédiaire

1990 et 2001

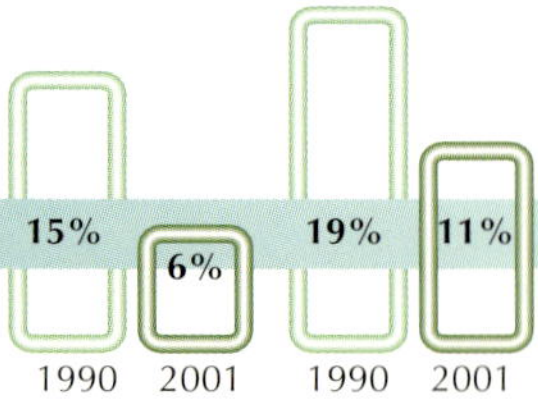

Dette extérieure

Le niveau élevé de leur dette extérieure limite la capacité des pays pauvres à se développer de manière durable et à réduire leur pauvreté. Grâce à l'allégement de la dette traditionnelle et à l'initiative en faveur des pays pauvres très endettés (PPTE), la dette totale d'un grand nombre de pays pauvres, dont la plupart sont situés en Afrique Sub-Saharienne, a diminué depuis 1999.

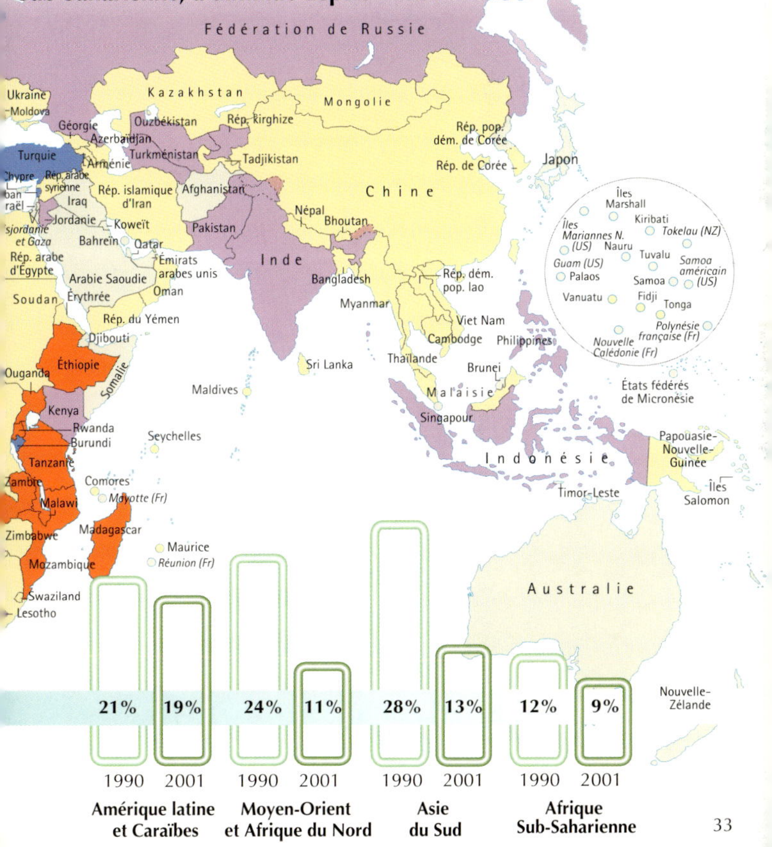

POPULATION URBAINE

En % de la population totale
2001

- 90 % et plus
- 70 % – 89 %
- 50 % – 69 %
- 30 % – 49 %
- moins de 30 %
- données non disponibles

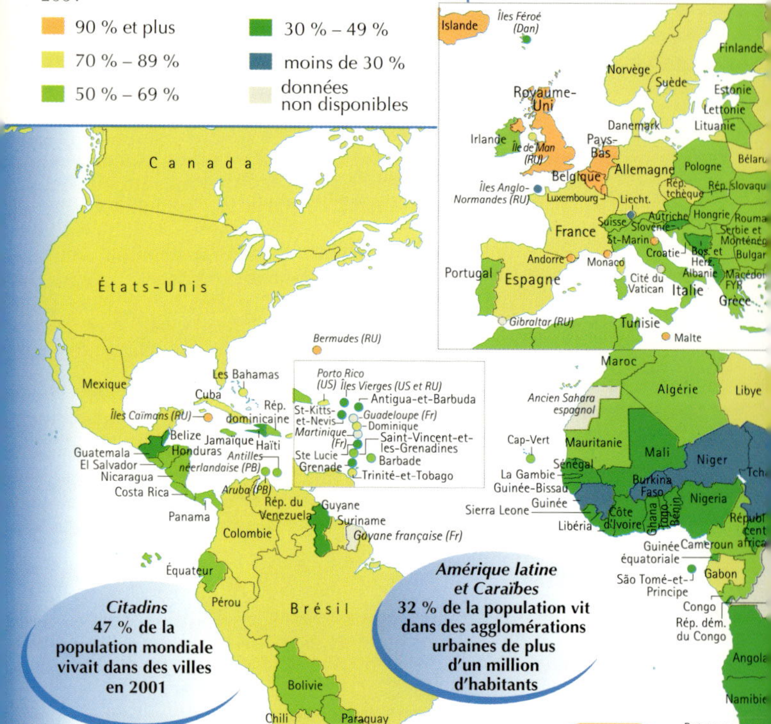

Citadins
47 % de la population mondiale vivait dans des villes en 2001

Amérique latine et Caraïbes
32 % de la population vit dans des agglomérations urbaines de plus d'un million d'habitants

TENDANCE À LA CROISSANCE

Nombre de personnes vivant dans un environnement urbain
1980 et 2001

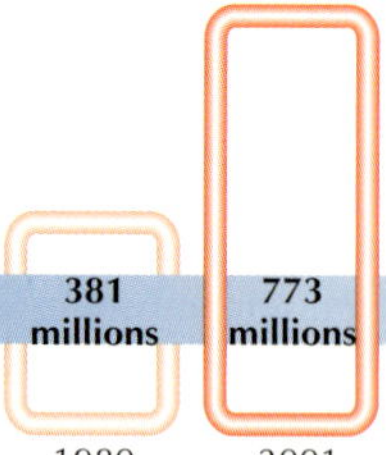

Économies à revenu faible

Les villes jouent un rôle de plus en plus important dans le niveau économique des nations. La population urbaine mondiale a augmenté de plus de 70 % entre 1980 et 2001 pour atteindre 2,9 milliards. La population urbaine des économies à revenu faible a doublé entre 1980 et 2000 ; elle dépasse maintenant celle des économies à revenu élevé. En l'espace d'une génération, la majorité des populations du monde en développement vivront dans des zones urbaines.

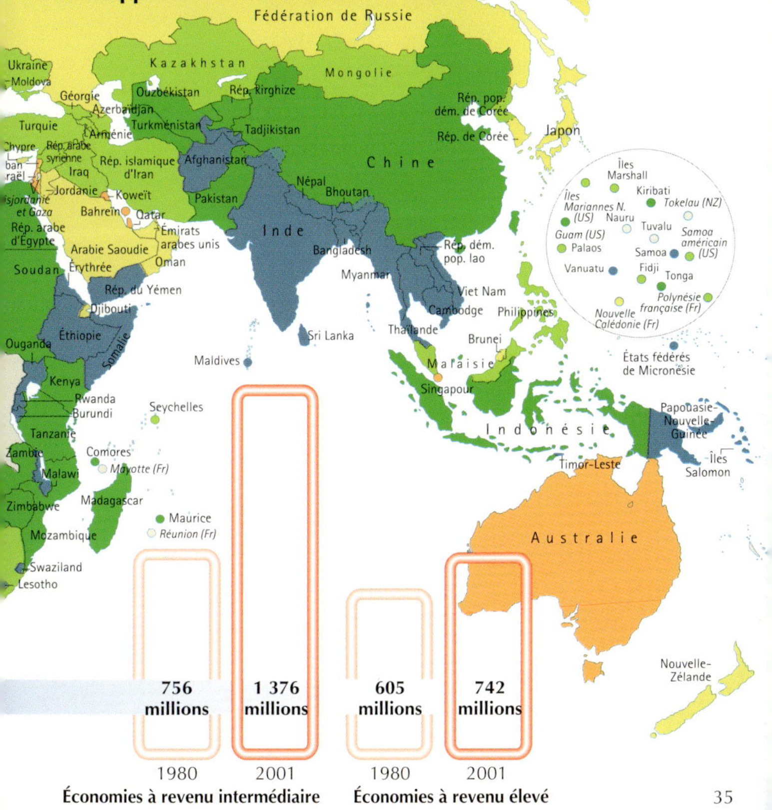

VOITURES DE TOURISME

Nombre pour 1 000 personnes
2000 ou année plus récente disponible

- 500 et plus
- 300 – 499
- 100 – 299
- 10 – 99
- moins de 10
- données non disponibles

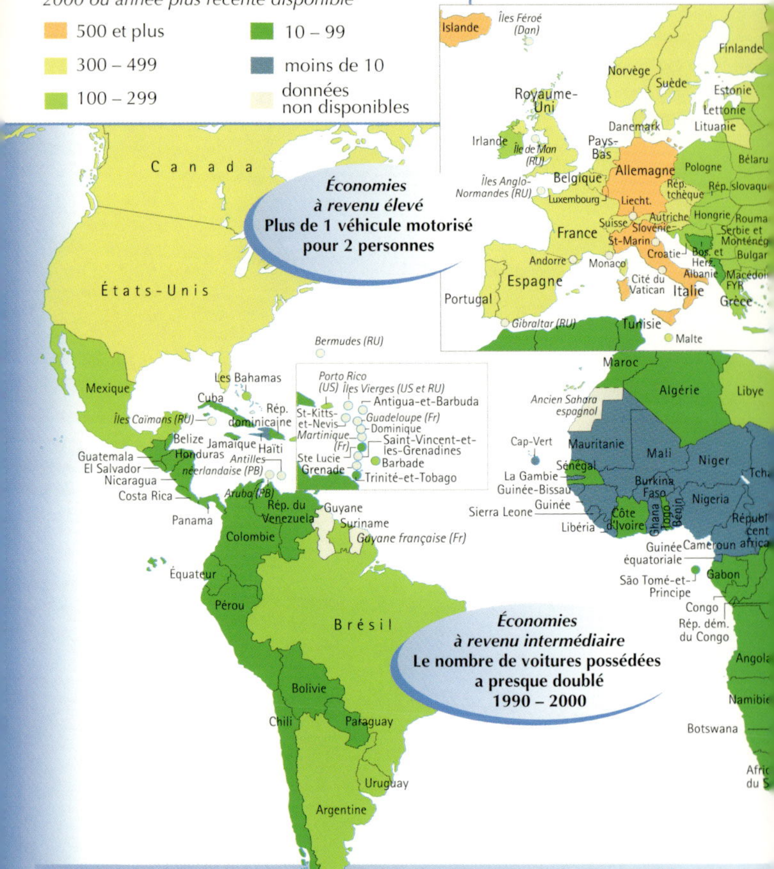

VÉHICULES MOTORISÉS

Nombre pour 1 000 personnes
2000

Transports

La plupart des économies dépendent de plus en plus des véhicules motorisés pour les transports de fret et de passagers. La demande d'un plus grand nombre de routes et l'augmentation de la circulation entraînent des problèmes de pénurie d'espace, de pollution atmosphérique ainsi qu'un risque plus élevé d'accidents.

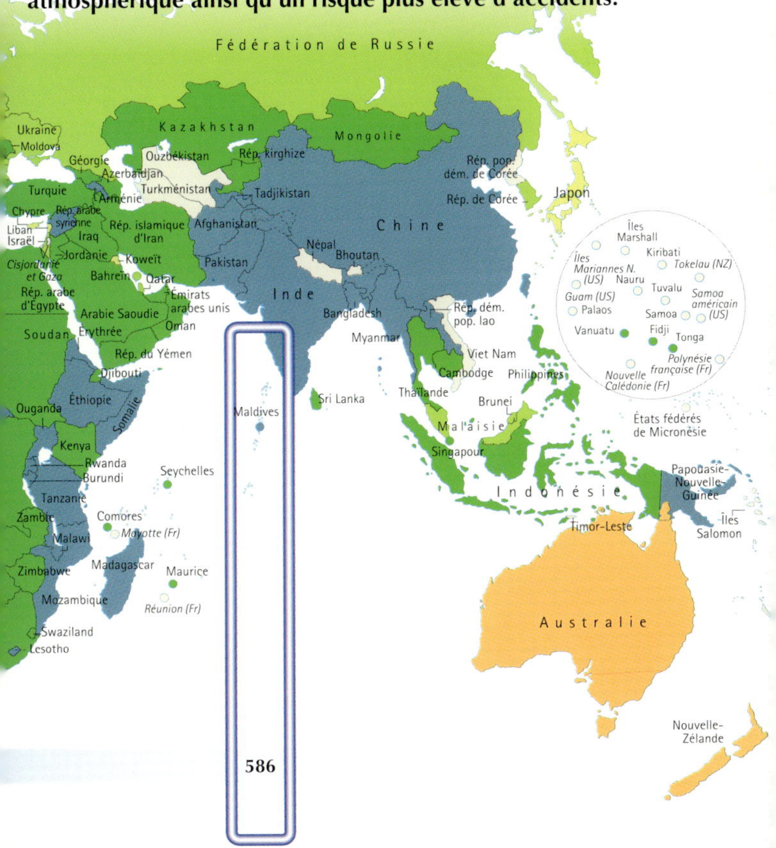

Économies à revenu élevé

CONSOMMATION D'ÉNERGIE

kg équivalent pétrole
par habitant
2000

- 8 000 et plus
- 4 000 – 7 999
- 2 000 – 3 999
- 1 000 – 1 999
- 500 – 999
- moins de 500
- données non disponibles

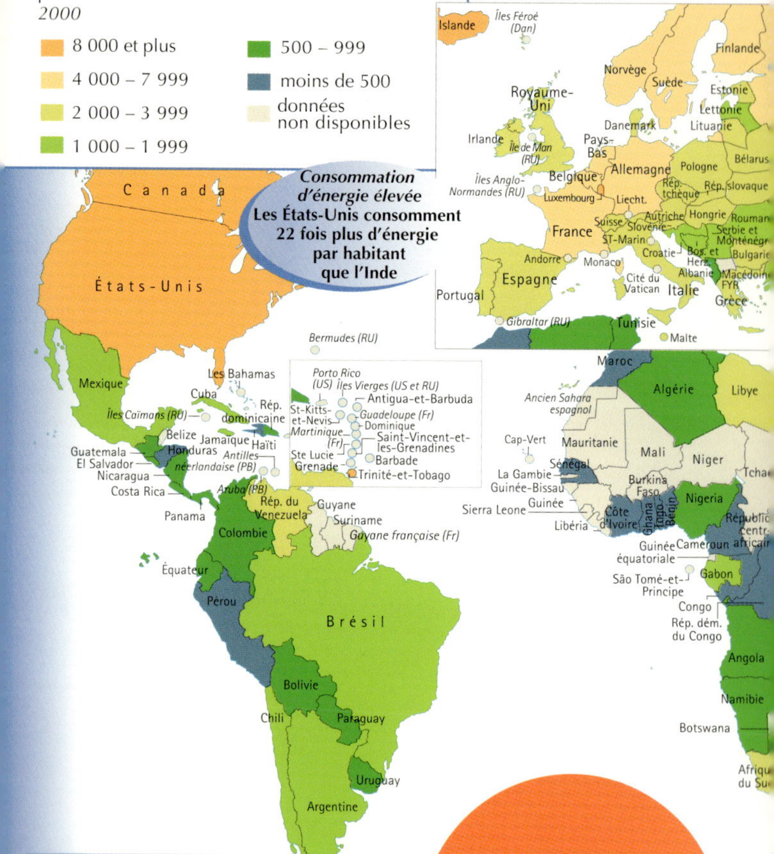

CONSOMMATION D'ÉNERGIE

Par revenu et région
2000
millions de tonnes métriques équivalent pétrole

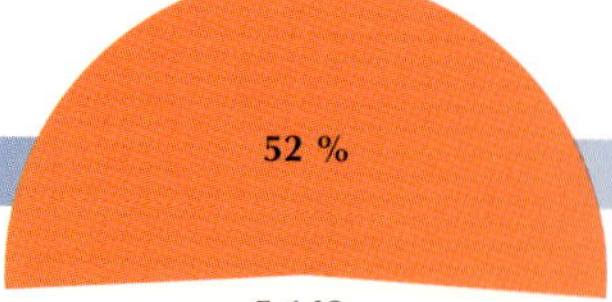

5 142
Économies à revenu élevé

Par rapport à 1990, le monde a consommé 13 % d'énergie supplémentaire en 2000. La moitié de toute l'énergie commerciale consommée en 2000 a été consommée par seulement 15 % de la population. Entre 1980 et 2000, le taux d'énergie consommée par les économies à revenu faible a augmenté deux fois plus vite que celui des économies à revenu élevé.

Comparaison entre les consommations d'énergie
Les économies à revenu élevé consomment en moyenne 10 fois plus d'énergie par habitant que les économies à revenu faible

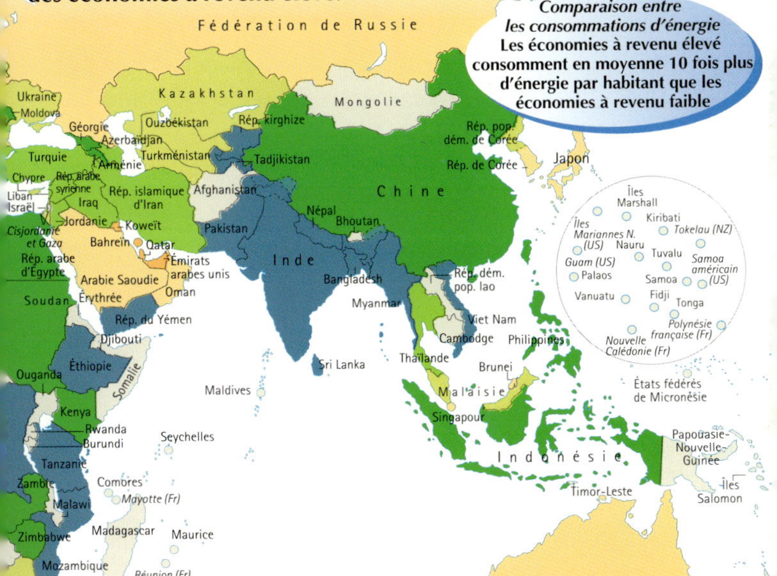

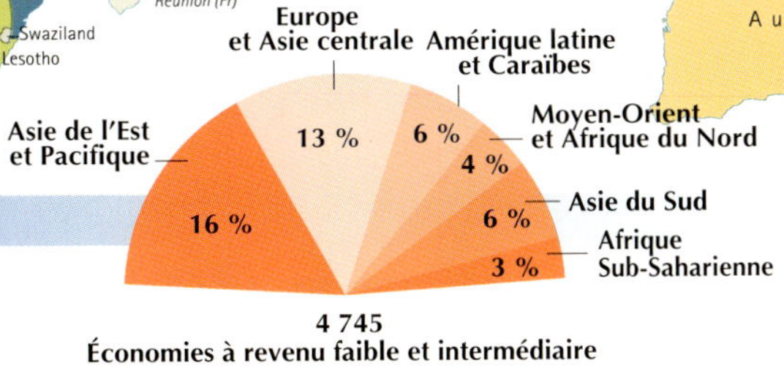

DIOXYDE DE CARBONE (CO_2)

Émissions de CO_2 par habitant
1999
tonnes métriques

- 16,0 et plus
- 8,0 – 15,9
- 4,0 – 7,9
- 2,0 – 3,9
- 1,0 – 1,9
- moins de 1,0
- données non disponibles

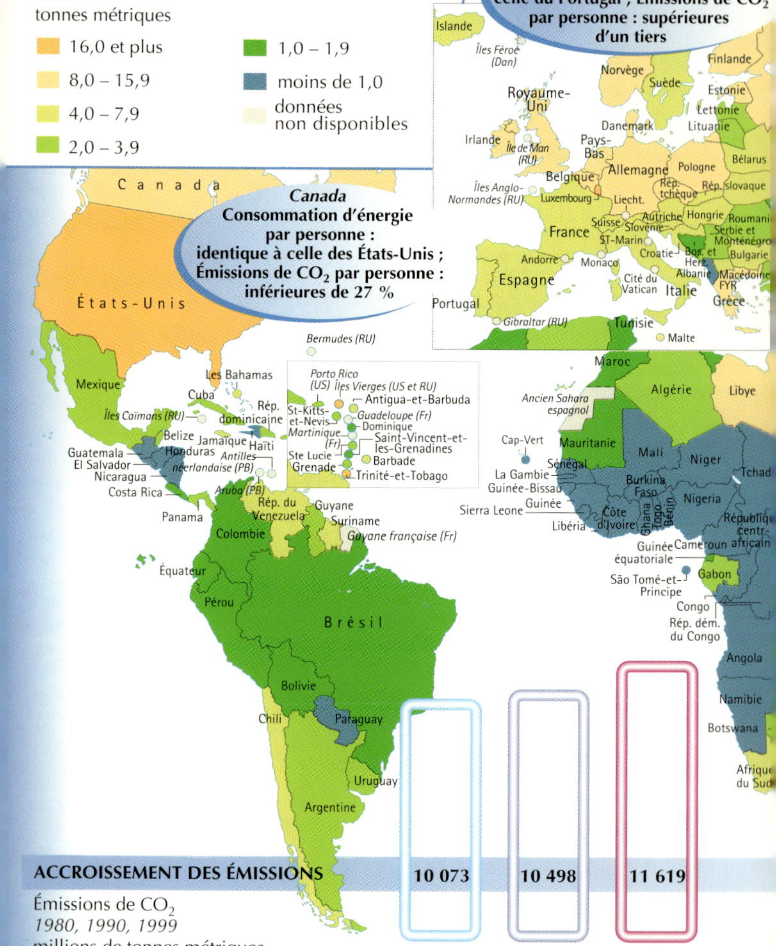

ACCROISSEMENT DES ÉMISSIONS

Émissions de CO_2
1980, 1990, 1999
millions de tonnes métriques

1980	1990	1999
10 073	10 498	11 619

Économies à revenu élevé

Près de la moitié des émissions de CO_2 du monde est dégagée par les économies à revenu élevé. Bien que plusieurs de ces économies émettent moins de CO_2 que pendant les années 80, elles en émettent encore 14 fois plus par personne que les économies à revenu faible.

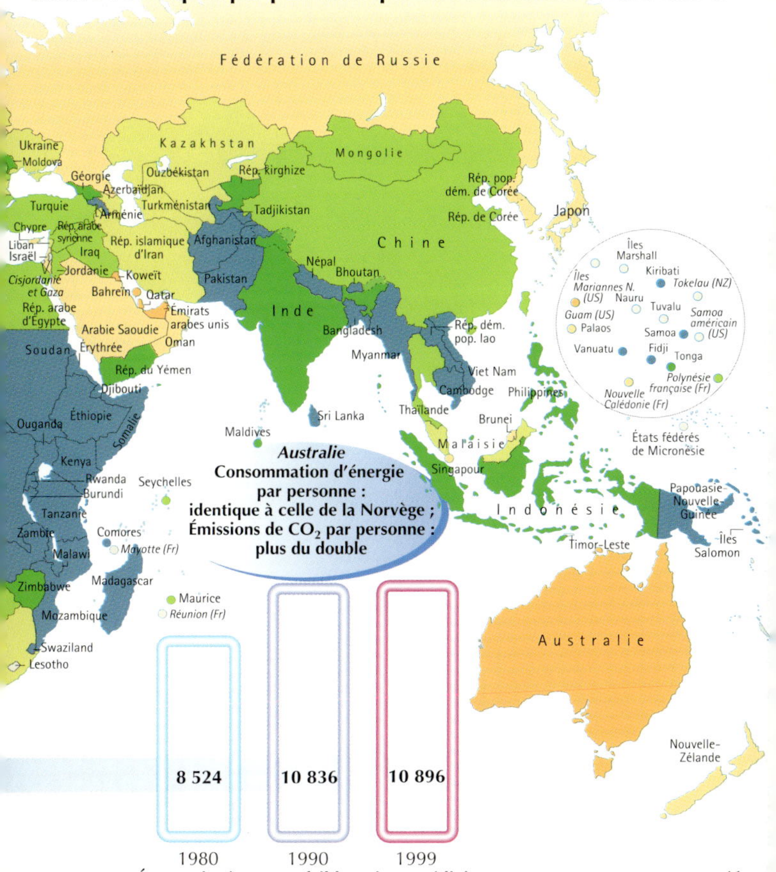

Économies à revenu faible et intermédiaire

DÉFORESTATION

% de changement annuel moyen de la zone forestière
1990 – 2000

Diminution :
- plus de 3,0 %
- 1,1 % – 3,0 %
- 0,1 % – 1,0 %
- aucun changement

Augmentation :
- 0,1% – 1,0%
- 1,1% – 3,0%
- plus de 3,0 %
- données non disponibles

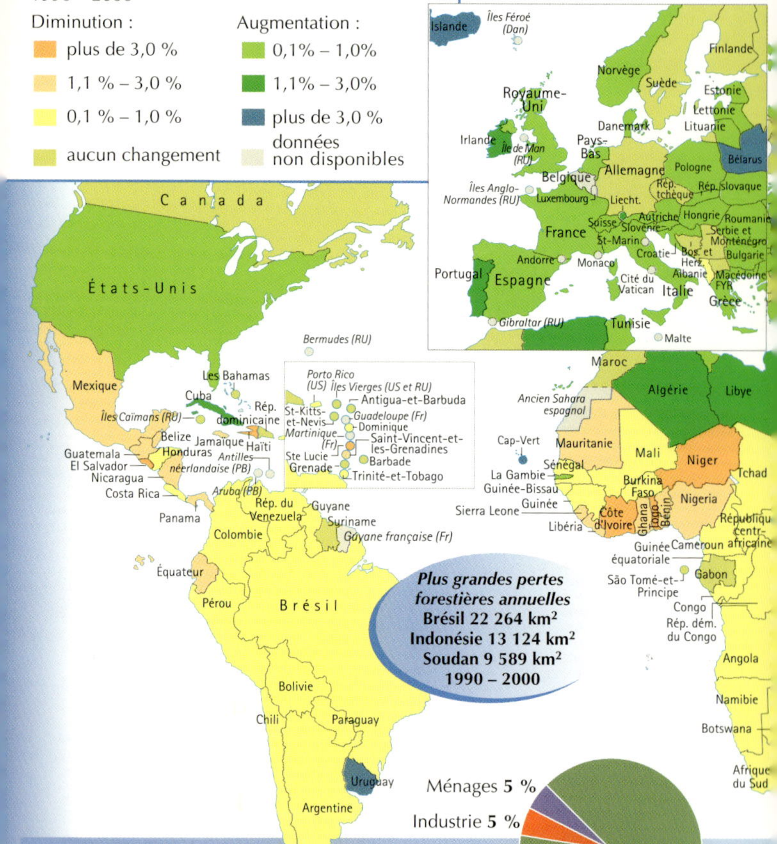

Plus grandes pertes forestières annuelles
Brésil 22 264 km²
Indonésie 13 124 km²
Soudan 9 589 km²
1990 – 2000

CONSOMMATION MONDIALE D'EAU

Consommation d'eau douce
Année la plus récente disponible

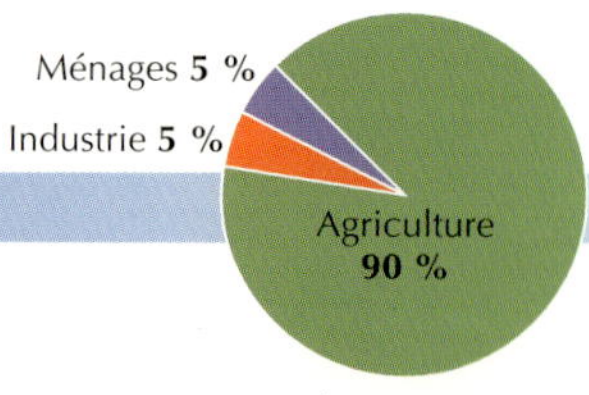

Économies à revenu faible

Ressources naturelles

La population mondiale utilise plus de ressources naturelles que jamais, et les demandes sur l'environnement ne feront que s'accroître. Les forêts – qui recouvrent à présent environ 30 % de toutes les terres – ont été réduites de 940 000 km² au cours de la dernière décennie. L'eau est essentielle, mais plus d'un milliard de personnes n'ont pas accès à de l'eau salubre et 600 millions de personnes vivent dans des économies où l'eau est un réel problème.

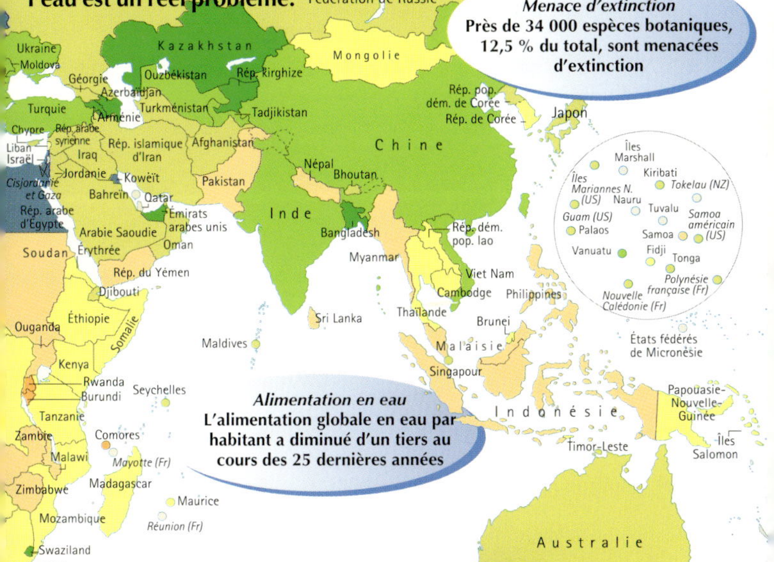

Menace d'extinction
Près de 34 000 espèces botaniques, 12,5 % du total, sont menacées d'extinction

Alimentation en eau
L'alimentation globale en eau par habitant a diminué d'un tiers au cours des 25 dernières années

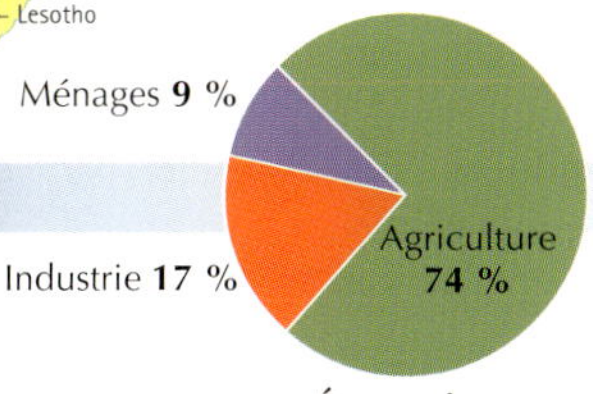

Économies à revenu intermédiaire

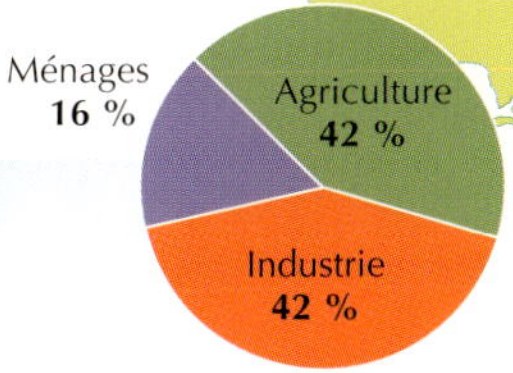

Économies à revenu élevé

IMPORTANCE DES ÉCHANGES

Échanges de biens
en tant que % du PIB
2001

IMPORTANCE DE PLUS EN PLUS GRANDE

Biens échangés en % du PIB
1990 et 2001

27,4 % 39,8 %

1990 2001

Économies à revenu faible

Au cours de la dernière décennie, les échanges entre les économies à revenu faible et à revenu intermédiaire ont augmenté de plus de 13 %. Les exportations des économies en développement vers les économies à revenu élevé ont également enregistré une hausse de 11 % entre 1990 et 2000, alors que les échanges entre les économies à revenu élevé n'ont augmenté que de 5,5 %.

Produits et services
Les échanges de services ont augmenté rapidement, mais les biens représentent encore 80 % des échanges mondiaux

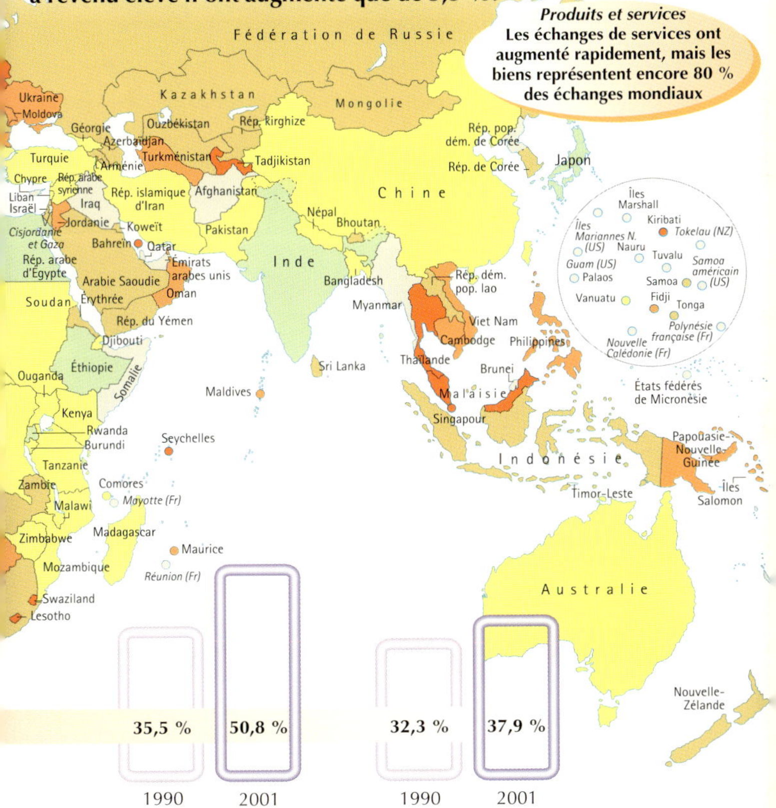

Économies à revenu intermédiaire — Économies à revenu élevé

DONNER ET RECEVOIR

Valeur de l'aide par habitant
Dollars US *2001*

Aide reçue :

- plus de 50 dollars
- 11 – 50 dollars
- 1 – 10 dollars

Aide offerte :

- plus de 100 dollars
- 51 – 100 dollars
- 50 dollars et moins

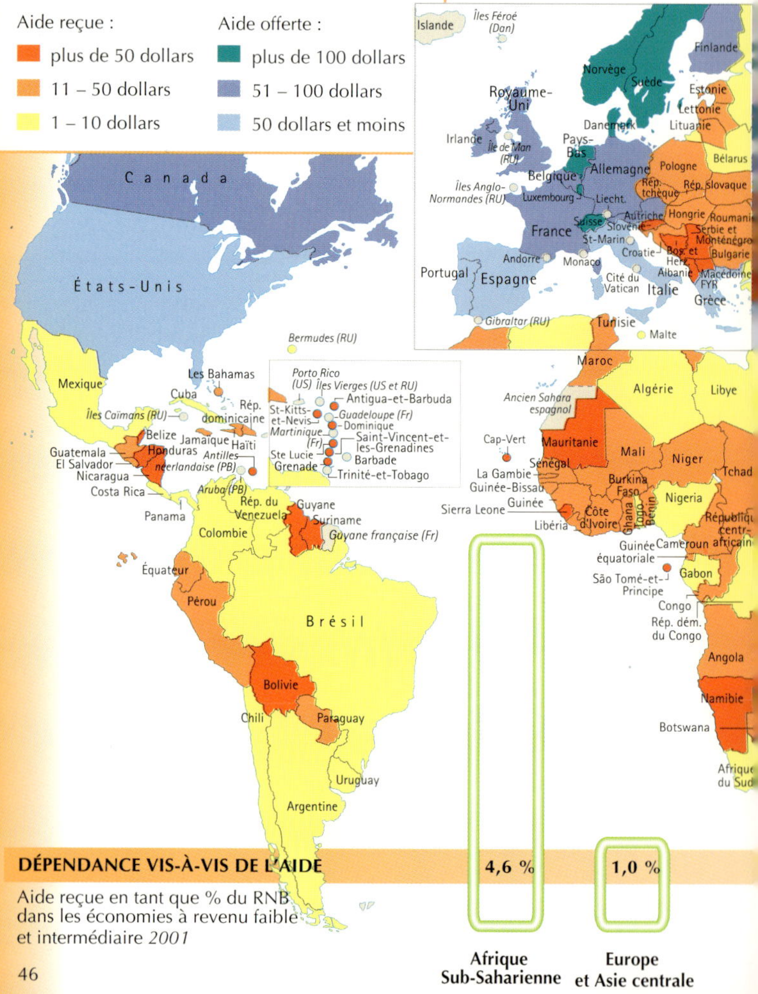

DÉPENDANCE VIS-À-VIS DE L'AIDE

Aide reçue en tant que % du RNB dans les économies à revenu faible et intermédiaire *2001*

Aide internationale

L'aide constitue l'une des manières par lesquelles les économies riches peuvent transférer des ressources vers les économies en développement. Cependant, l'aide aux économies les plus pauvres a diminué, passant de 58 milliards de dollars en 1990 à 52 milliards de dollars en 2001, soit de 13 à 11 dollars par habitant. Une aide supplémentaire ainsi que des politiques adéquates pourraient aider des millions de personnes à sortir de la pauvreté.

Assistance officielle nette au développement ou aide reçue en 2001 :
Pakistan 1,9 milliard de dollars
Inde 1,7 milliard de dollars
Indonésie 1,5 milliard de dollars
Chine 1,5 milliard de dollars
Viet Nam 1,5 milliard de dollars

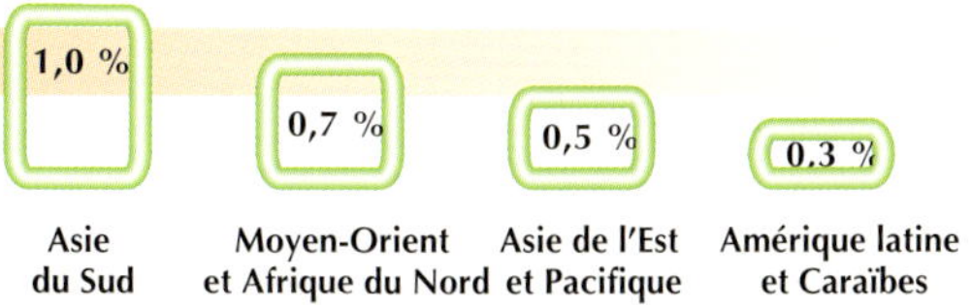

ORDINATEURS PERSONNELS

pour 1 000 personnes
2001

- 500 et plus
- 100 – 499
- 50 – 99
- 10 – 49
- moins de 10
- données non disponibles

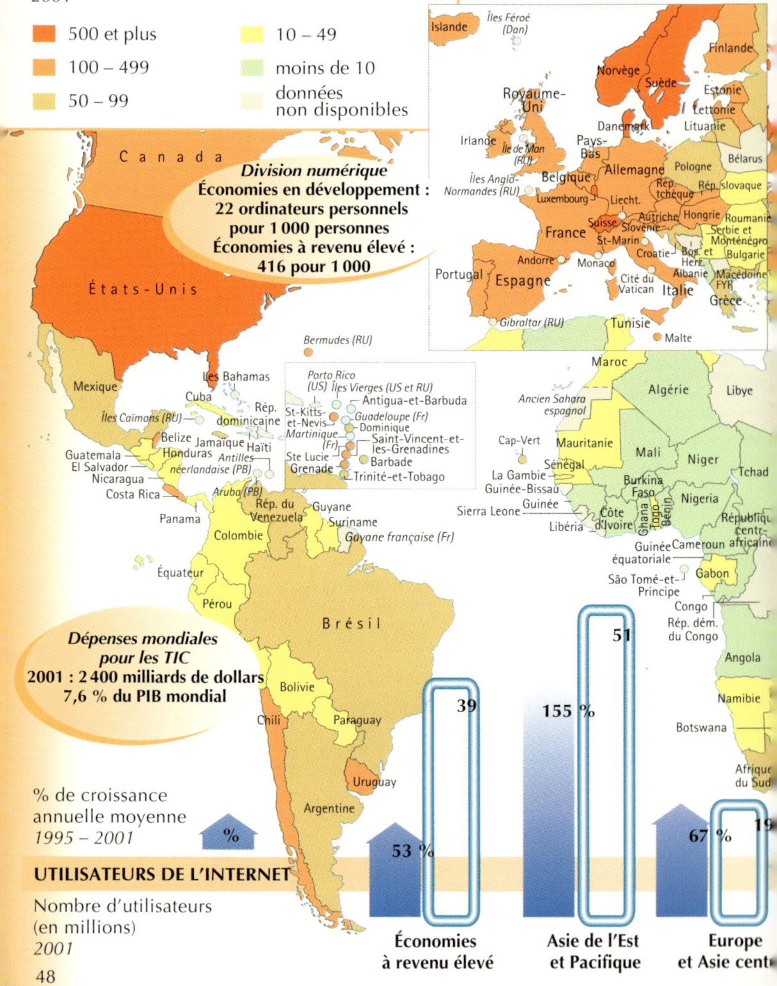

Division numérique
Économies en développement :
22 ordinateurs personnels pour 1 000 personnes
Économies à revenu élevé :
416 pour 1 000

Dépenses mondiales pour les TIC
2001 : 2 400 milliards de dollars
7,6 % du PIB mondial

% de croissance annuelle moyenne
1995 – 2001

UTILISATEURS DE L'INTERNET

Nombre d'utilisateurs (en millions)
2001

Ordinateurs personnels

Les nouvelles technologies de l'information et des communications (TIC) offrent de vastes opportunités pour le progrès. Bien que la « division numérique » soit importante, le fossé se réduit. En 1995, il était 40 fois plus probable qu'un habitant d'une économie riche utilise l'internet qu'un habitant d'une économie en développement. En 2001, cette différence avait été réduite de moitié.

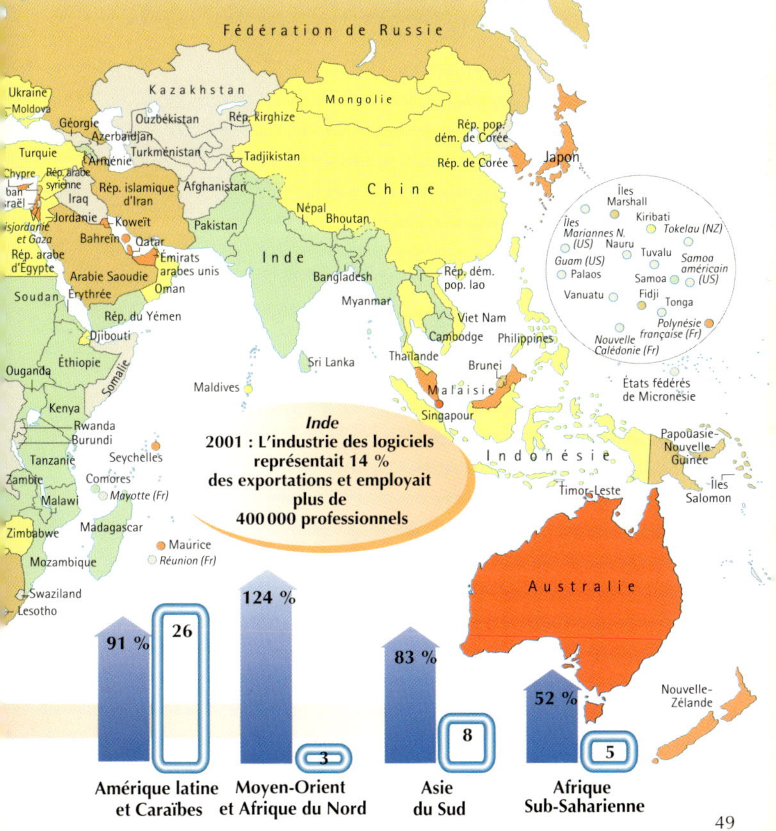

LIGNES PRINCIPALES DE TÉLÉPHONE

Nombre pour 1 000 personnes
2001

- plus de 500
- 250 – 499
- 100 – 249
- 25 – 99
- moins de 25
- données non disponibles

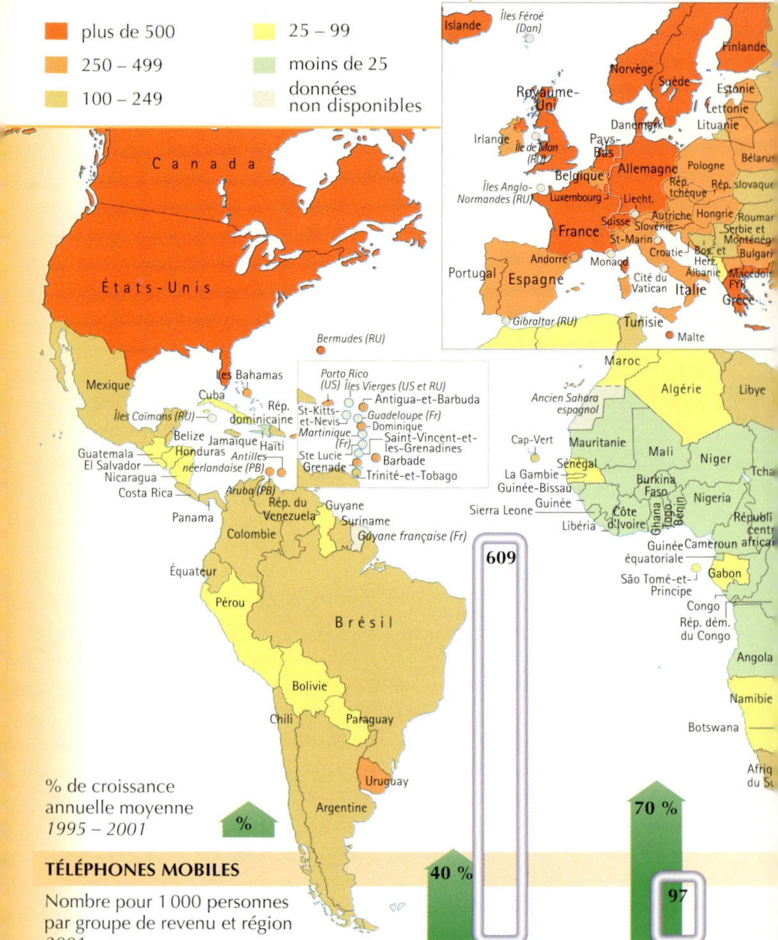

% de croissance annuelle moyenne
1995 – 2001

TÉLÉPHONES MOBILES

Nombre pour 1 000 personnes par groupe de revenu et région
2001

Télécommunications

Une infrastructure de communications efficace attire les investissements dans un pays. Les télécommunications se sont développées de manière exponentielle dans le monde entier. L'utilisation de téléphones mobiles en Europe et en Asie centrale a doublé chaque année entre 1995 et 2001. Cependant, les populations de certaines économies doivent encore attendre de longs délais avant d'obtenir une connexion à une ligne principale.

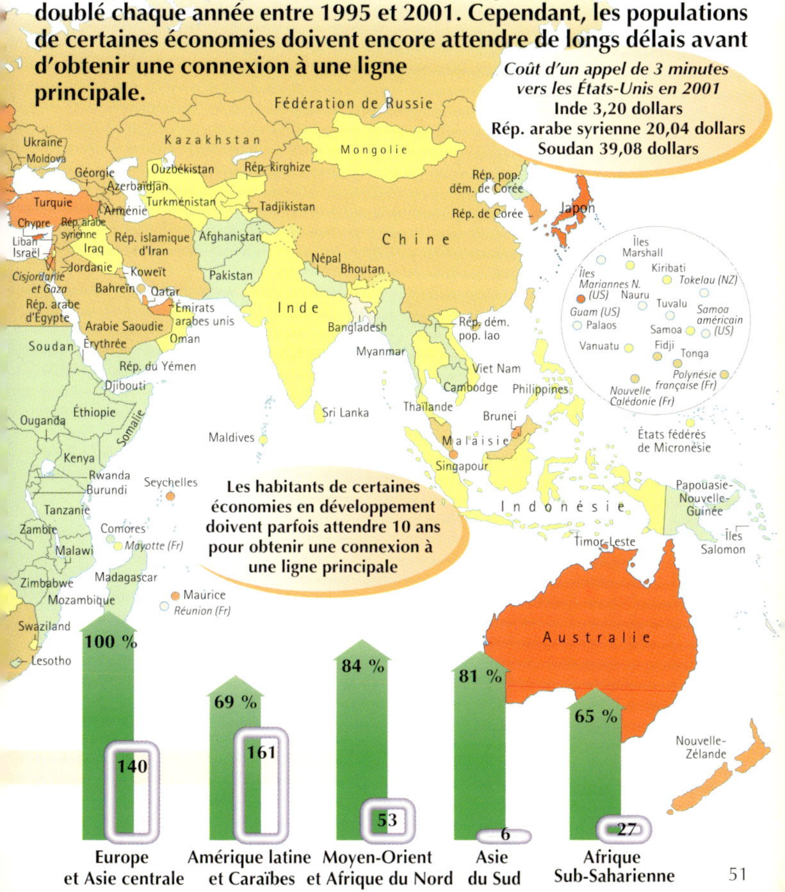

Pays	POPULATION		SANTÉ	
	Population millions 2001	Scolarisation primaire nette % 2000	Accès à des sources d'eau améliorées % de la pop. 2000	Mortalité < 5 ans pour 1 000 naissances vivante 2001
Afghanistan	27,2	–	13	257
Afrique du Sud	43,2	89	86	71
Albanie	3,2	98	97	25
Algérie	30,8	98	89	49
Allemagne	82,3	87	–	5
Andorre	0,1	–	100	7
Angola	13,5	37	38	260
Antigua-et-Barbuda	0,1	–	91	14
Antilles néerlandaises	0,2	95	–	–
Arabie Saoudite	21,4	58	95	28
Argentine	37,5	107	–	19
Arménie	3,8	69	–	35
Aruba	0,1	97	–	–
Australie	19,4	96	100	6
Autriche	8,1	91	100	5
Azerbaïdjan	8,1	91	78	96
Bahamas, Les	0,3	–	97	16
Bahreïn	0,7	96	–	16
Bangladesh	133,3	89	97	77
Barbade	0,3	105	100	14
Bélarus	10,0	108	100	20
Belgique	10,3	101	–	6
Belize	0,2	100	92	40
Bénin	6,4	70	63	158
Bermudes	0,1	–	–	–
Bhoutan	0,8	–	62	95
Bolivie	8,5	97	83	77
Bosnie et Herzégovine	4,1	–	–	18
Botswana	1,7	84	95	110
Brésil	172,4	97	87	36
Brunei	0,3	–	–	6
Bulgarie	8,0	94	100	16
Burkina Faso	11,6	36	42	197
Burundi	6,9	54	78	190
Cambodge	12,3	95	30	138

ÉCONOMIE		ENVIRONNEMENT		ÉCHANGES ET COMMUNICATIONS		
RNB par habitant $ *2001*	Produit intérieur brut (PIB) milliards *2001*	Population urbaine % pop. totale *2001*	Émissions de CO_2 par habitant tonnes métriques *1999*	Commerce de biens % biens PIB *2001*	Ordinateurs personnels pour 1 000 pers. *2001*	Lignes de téléphone pour 1 000 pers. *2001*
–	–	22	0,0	–	–	1
2 820	113,3	58	7,9	–	69	112
1 340	4,1	43	0,5	54	8	50
1 650	54,7	58	3,0	82	7	61
23 560	1 846,1	88	9,7	161	382	634
–	–	92	–	–	–	438
500	9,5	35	0,8	142	1	6
9 150	0,7	37	5,2	49	–	481
–	–	69	–	–	–	372
8 460	186,5	87	11,7	–	63	145
6 940	268,6	88	3,8	50	91	224
570	2,1	67	0,8	87	8	140
–	–	51	–	–	–	350
19 900	368,7	91	18,2	98	516	519
23 940	188,5	67	7,6	204	335	468
650	5,6	52	4,2	107	–	111
–	4,8	89	6,0	–	–	400
11 130	7,9	93	29,4	124	142	247
360	46,7	26	0,2	–	2	4
9 750	2,8	51	7,6	–	92	476
1 290	12,2	70	5,7	232	–	279
23 850	229,6	97	10,2	492	233	498
2 940	0,8	48	2,7	71	135	144
380	2,4	43	0,2	75	2	9
–	–	100	–	–	495	869
560	0,5	7	0,5	55	6	25
950	8,0	63	1,4	–	21	62
1 240	4,8	43	1,2	236	–	111
3 100	5,2	49	2,4	–	39	91
3 070	502,5	82	1,8	–	63	218
–	–	73	14,2	–	75	264
1 650	13,6	67	5,1	187	44	359
220	2,5	17	0,1	55	2	5
100	0,7	9	0,0	39	–	3
270	3,4	17	0,1	–	2	2

Pays	POPULATION		SANTÉ	
	Population millions *2001*	Scolarisation primaire nette % *2000*	Accès à des sources d'eau améliorées % de la pop. *2000*	Mortalité < 5 ans pour 1 000 naissances vivantes *2001*
Cameroun	15,2	–	58	155
Canada	31,1	99	100	7
Cap-Vert	0,4	–	74	38
Chili	15,4	89	93	12
Chine	1 271,8	93	75	39
Hongkong, Chine	6,7	–	75	–
Macau, Chine	0,4	85	–	–
Chypre	0,8	95	100	6
Cisjordanie et Gaza	3,1	–	–	25
Colombie	43	89	91	23
Comores	0,6	56	96	79
Congo	3,1	–	51	108
Costa Rica	3,9	91	95	11
Côte d'Ivoire	16,4	64	81	175
Croatie	4,4	–	–	8
Cuba	11,2	97	91	9
Danemark	5,4	99	100	4
Djibouti	0,6	33	100	143
Dominique	0,1	–	97	15
El Salvador	6,4	81	77	39
Émirats arabes unis	3,0	87	–	9
Équateur	12,9	99	85	30
Érythrée	4,2	41	46	111
Espagne	41,1	102	–	6
Estonie	1,4	98	–	12
États-Unis	285,3	95	100	8
Éthiopie	65,8	47	24	172
Fédération de Russie	144,8	–	99	21
Fidji	0,8	–	47	21
Finlande	5,2	100	100	5
France	59,2	100	–	6
Gabon	1,3	88	86	90
Géorgie	5,3	95	79	29
Ghana	19,7	58	73	100
Grèce	10,6	97	–	5

ÉCONOMIE		ENVIRONNEMENT		ÉCHANGES ET COMMUNICATIONS		
RNB par habitant $ *2001*	Produit intérieur brut (PIB) milliards *2001*	Population urbaine % pop. totale *2001*	Émissions de CO_2 par habitant tonnes métriques *1999*	Commerce de biens % biens PIB *2001*	Ordinateurs personnels pour 1 000 pers. *2001*	Lignes de téléphone pour 1 000 pers. *2001*
580	8,5	50	0,3	–	4	7
21 930	694,5	79	14,4	–	460	676
1 320	0,6	63	0,3	41	69	143
4 590	66,5	86	4,2	105	107	233
890	1 159,0	37	2,3	66	19	137
25 330	161,9	100	6,2	1 269	387	580
14 380	6,2	99	3,5	76	179	394
12 320	9,1	70	8,0	–	247	631
1 350	4,0	–	–	–	–	78
1 890	82,4	75	1,5	–	42	171
380	0,2	34	0,1	41	6	12
640	2,8	66	0,8	152	4	7
4 060	16,1	60	1,6	–	170	230
630	10,4	44	0,8	131	7	18
4 550	20,3	58	4,8	122	86	365
–	–	75	2,3	–	20	51
30 600	161,5	85	9,3	167	540	719
890	0,6	84	0,6	30	11	15
3 280	0,3	71	1,1	65	75	291
2 040	13,7	61	0,9	147	22	93
–	–	87	31,3	–	136	340
1 080	18,0	63	1,9	–	23	104
160	0,7	19	0,1	168	2	8
14 300	581,8	78	6,8	120	168	431
3 870	5,5	69	11,7	321	175	352
34 280	10 065,3	77	19,7	68	625	667
100	6,2	16	0,1	–	1	4
1 750	310,0	73	9,8	98	50	243
2 140	1,7	50	0,9	85	61	112
23 780	120,9	59	11,3	146	424	548
22 730	1 309,8	76	6,1	149	337	573
3 160	4,3	82	3,0	–	12	30
590	3,1	57	1,0	70	–	159
290	5,3	36	0,3	146	3	12
11 430	117,2	60	8,2	106	81	529

Pays	POPULATION		SANTÉ	
	Population millions *2001*	Scolarisation primaire nette % *2000*	Accès à des sources d'eau améliorées % de la pop. *2000*	Mortalité < 5 ans pour 1 000 naissances vivantes *2001*
Grenade	0,1	84	95	25
Groenland	0,1	–	–	–
Guam	0,2	–	–	9
Guatemala	11,7	84	92	58
Guinée	7,6	47	48	169
Guinée équatoriale	0,5	72	44	153
Guinée-Bissau	1,2	54	56	211
Guyane	0,8	–	94	72
Haïti	8,1	–	46	123
Honduras	6,6	88	88	38
Hongrie	10,2	90	99	9
Île de Man	0,1	–	–	–
Îles Anglo-Normandes	0,1	–	–	–
Îles Caïmans	–	–	–	–
Îles Féroé	0,1	–	–	–
Îles Mariannes N.	0,1	–	–	–
Îles Marshall	0,1	–	–	66
Îles Salomon	0,4	–	71	24
Îles Vierges (US)	0,1	–	–	11
Inde	1 032,4	–	84	93
Indonésie	209,0	92	78	45
Iraq	23,8	93	85	133
Irlande	3,8	90	–	6
Islande	0,3	102	–	4
Israël	6,4	101	–	6
Italie	57,9	100	–	6
Jamaïque	2,6	95	92	20
Japon	127	101	–	5
Jordanie	5,0	94	96	33
Kazakhstan	14,9	89	91	99
Kenya	30,7	69	57	122
Kiribati	0,1	–	48	69
Koweït	2,0	66	–	10
La Gambie	1,3	69	62	126
Lesotho	2,1	78	78	132

ÉCONOMIE		ENVIRONNEMENT		ÉCHANGES ET COMMUNICATIONS		
RNB par habitant $ *2001*	Produit intérieur brut (PIB) milliards *2001*	Population urbaine % pop. totale *2001*	Émissions de CO_2 par habitant tonnes métriques *1999*	Commerce de biens % biens PIB *2001*	Ordinateurs personnels pour 1 000 pers. *2001*	Lignes de téléphone pour 1 000 pers. *2001*
3 610	0,4	38	2,2	57	130	328
–	–	82	9,6	–	–	467
–	–	40	26,8	–	–	509
1 680	20,5	40	0,9	–	13	65
410	3,0	28	0,2	74	4	3
700	1,8	49	1,5	38	5	15
160	0,2	32	0,2	73	–	10
840	0,7	37	2,2	152	26	92
480	3,7	36	0,2	–	–	10
900	6,4	54	0,8	127	12	47
4 830	51,9	65	5,6	–	100	374
–	–	77	–	–	–	–
–	–	29	–	–	–	–
–	–	100	–	–	–	–
–	–	38	–	–	–	–
–	–	53	–	–	–	–
2 270	0,1	66	–	–	50	60
610	0,3	20	0,4	75	51	17
–	–	47	121,2	–	–	–
460	477,3	28	1,1	–	6	38
690	145,3	42	1,2	96	11	35
–	–	68	3,3	–	–	29
22 850	103,3	59	10,8	265	391	485
28 910	7,7	93	7,4	30	418	664
16 750	108,3	92	10,0	–	246	476
19 390	1 088,8	67	7,3	124	195	471
2 800	7,8	57	4,0	151	50	197
35 610	4 141,4	79	9,1	62	349	597
1 750	8,8	79	3,1	224	33	127
1 350	22,4	56	7,4	136	–	113
350	11,4	34	0,3	93	6	10
830	0,0	39	0,3	150	23	42
18 270	32,8	96	24,9	–	132	240
320	0,4	31	0,2	108	13	26
530	0,8	29	–	–	–	10

Pays	POPULATION		SANTÉ	
	Population millions *2001*	Scolarisation primaire nette % *2000*	Accès à des sources d'eau améliorées % de la pop. *2000*	Mortalité < 5 ans pour 1 000 naissances vivantes *2001*
Lettonie	2,4	92	–	21
Liban	4,4	74	100	32
Libéria	3,2	83	–	235
Libye	5,4	–	72	19
Liechtenstein	0,0	–	–	11
Lituanie	3,5	95	–	9
Luxembourg	0,4	97	–	5
Macédoine FYR	2,0	92	–	26
Madagascar	16,0	68	47	136
Malaisie	23,8	98	–	8
Malawi	10,5	101	57	183
Maldives	0,3	99	100	77
Mali	11,1	43	65	231
Malte	0,4	–	100	5
Maroc	29,2	78	80	44
Maurice	1,2	95	100	19
Mauritanie	2,7	64	37	183
Mayotte	–	–	–	–
Mexique	99,4	103	88	29
Micronésie, États fédérés de	0,1	–	–	24
Moldova	4,3	78	92	32
Monaco	0,0	–	100	5
Mongolie	2,4	89	60	76
Mozambique	18,1	54	57	197
Myanmar	48,3	83	72	109
Namibie	1,8	82	77	67
Népal	23,6	72	88	91
Nicaragua	5,2	81	77	43
Niger	11,2	30	59	265
Nigeria	129,9	–	62	183
Norvège	4,5	101	100	4
Nouvelle Calédonie	0,2	–	–	10
Nouvelle-Zélande	3,8	99	–	6
Oman	2,5	65	39	13
Ouganda	22,8	109	52	124

ÉCONOMIE		ENVIRONNEMENT		ÉCHANGES ET COMMUNICATIONS		
RNB par habitant $ *2001*	Produit intérieur brut (PIB) milliards *2001*	Population urbaine % pop. totale *2001*	Émissions de CO_2 par habitant tonnes métriques *1999*	Commerce de biens % biens PIB *2001*	Ordinateurs personnels pour 1 000 pers. *2001*	Lignes de téléphone pour 1 000 pers. *2001*
3 230	7,5	60	2,8	186	153	308
4 010	16,7	90	4,0	–	56	195
140	0,5	45	0,1	–	–	2
–	34,1	88	8,3	–	–	109
–	–	22	–	–	–	–
3 350	12,0	69	3,8	192	71	313
39 840	18,5	92	18,6	0	517	780
1 690	3,4	59	5,6	162	–	263
260	4,6	30	0,1	82	2	4
3 330	88,0	58	5,4	–	126	196
160	1,7	15	0,1	88	1	5
2 120	0,6	28	1,7	80	22	99
230	2,6	31	0,0	75	1	4
9 200	3,6	91	8,8	72	230	530
1 190	34,2	56	1,3	113	14	41
3 830	4,5	42	2,1	174	109	257
360	1,0	59	1,2	103	10	7
–	–	–	–	–	–	70
5 530	617,8	75	3,9	144	69	137
1 950	0,2	29	–	–	–	84
400	1,5	42	1,5	175	16	154
–	–	100	–	–	–	–
400	1,0	57	3,2	143	15	52
210	3,6	33	0,1	89	4	4
–	–	28	0,2	–	1	6
1 960	3,1	31	0,1	189	36	66
250	5,6	12	0,1	–	4	13
–	–	57	0,8	–	10	31
180	2,0	21	0,1	59	1	2
290	41,4	45	0,3	95	7	5
35 630	166,1	75	8,7	120	508	720
–	3,1	78	8,0	–	–	231
13 250	50,4	86	8,1	–	393	477
–	19,8	76	8,5	–	32	90
260	5,7	15	0,1	60	3	3

Pays	POPULATION		SANTÉ	
	Population millions *2001*	Scolarisation primaire nette % *2000*	Accès à des sources d'eau améliorées % de la pop. *2000*	Mortalité < 5 ans pour 1 000 naissances vivante *2001*
Ouzbékistan	25,1	–	85	68
Pakistan	141,5	66	90	109
Palaos	0,0	111	79	29
Panama	2,9	100	90	25
Papouasie-Nouvelle-Guinée	5,3	84	42	94
Paraguay	5,6	92	78	30
Pays-Bas	16,0	100	100	6
Pérou	26,3	104	80	39
Philippines	78,3	93	86	38
Pologne	38,6	98	–	9
Polynésie française	0,2	–	–	12
Porto Rico	3,8	–	–	–
Portugal	10,0	–	–	6
Qatar	0,6	–	–	16
Rép. arabe d'Égypte	65,2	93	97	41
Rép. arabe syrienne	16,6	96	80	28
Rép. de Corée	47,3	99	92	5
Rép. dém. du Congo	52,4	33	45	205
Rép. dém. pop. lao	5,4	81	37	100
Rép. dominicaine	8,5	93	86	47
Rép. du Venezuela	24,6	88	83	22
Rép. du Yémen	18,0	67	69	107
Rép. islamique d'Iran	64,5	74	92	42
Rép. kirghize	5,0	82	77	61
Rép. pop. dém. de Corée	22,4	–	100	55
Rép. slovaque	5,4	89	100	9
Rép. tchèque	10,2	90	–	5
République centrafricaine	3,8	55	70	180
Roumanie	22,4	93	58	21
Royaume-Uni	58,8	99	100	7
Rwanda	8,7	97	41	183
Sainte Lucie	0,2	100	98	19
Saint-Marin	0,0	–	–	6
Saint-Kitts-et-Nevis	0,0	–	98	24

ÉCONOMIE		ENVIRONNEMENT		ÉCHANGES ET COMMUNICATIONS		
RNB par habitant $ *2001*	Produit intérieur brut (PIB) milliards *2001*	Population urbaine % pop. totale *2001*	Émissions de CO_2 par habitant tonnes métriques *1999*	Commerce de biens % biens PIB *2001*	Ordinateurs personnels pour 1 000 pers. *2001*	Lignes de téléphone pour 1 000 pers. *2001*
550	11,3	37	4,8	72	–	66
420	58,7	33	0,7	–	4	23
6 780	0,1	69	12,9	–	–	–
3 260	10,2	57	2,9	–	38	148
580	3,0	18	0,5	143	57	12
1 350	7,2	57	0,8	83	14	51
24 330	380,1	90	8,5	354	428	621
1 980	54,0	73	1,2	–	48	78
1 030	71,4	59	1,0	–	22	42
4 230	176,3	63	8,1	111	85	295
–	3,9	53	2,3	–	280	223
10 950	67,9	76	2,7	–	–	336
10 900	109,8	66	6,0	144	117	427
–	16,5	93	91,5	–	164	275
1 530	98,5	43	2,0	32	16	104
1 040	19,5	52	3,4	78	16	103
9 460	422,2	82	8,4	153	257	486
80	5,2	–	0,0	46	–	0
300	1,8	20	0,1	–	3	10
2 230	21,2	66	2,8	–	–	110
4 760	124,9	87	5,3	65	53	109
450	9,3	25	1,1	101	2	22
1 680	114,1	65	4,8	72	70	169
280	1,5	34	1,0	91	–	78
–	–	61	9,4	–	–	22
3 760	20,5	58	7,2	302	148	288
5 310	56,8	75	10,6	–	146	375
260	1,0	42	0,1	37	2	2
1 720	38,7	55	3,6	126	36	184
25 120	1 424,1	90	9,2	127	366	588
220	1,7	6	0,1	32	–	3
3 950	0,7	38	2,1	49	147	–
–	–	90	–	–	–	–
6 630	0,3	34	2,4	60	175	–

Pays	POPULATION		SANTÉ	
	Population millions *2001*	Scolarisation primaire nette % *2000*	Accès à des sources d'eau améliorées % de la pop. *2000*	Mortalité < 5 ans pour 1 000 naissances vivante *2001*
Saint-Vincent-et-les-Grenadines	0,1	–	93	25
Samoa	0,2	97	99	25
Samoa américain	0,1	–	–	–
São Tomé-et-Principe	0,2	–	–	74
Sénégal	9,8	63	78	138
Serbie et Monténégro	10,7	–	98	19
Seychelles	0,1	–	–	17
Sierra Leone	5,1	–	57	316
Singapour	4,1	–	100	4
Slovénie	2,0	93	100	5
Somalie	9,1	–	–	225
Soudan	31,7	46	75	107
Sri Lanka	18,7	97	77	19
Suède	8,9	102	100	3
Suisse	7,2	99	100	6
Suriname	0,4	92	82	32
Swaziland	1,1	93	–	149
Tadjikistan	6,2	103	60	116
Tanzanie	34,4	47	68	165
Tchad	7,9	58	27	200
Thaïlande	61,2	85	84	28
Timor-Leste	0,8	–	–	124
Togo	4,7	92	54	141
Tonga	0,1	91	100	20
Trinité-et-Tobago	1,3	92	90	20
Tunisie	9,7	99	80	27
Turkménistan	5,4	–	–	87
Turquie	66,2	–	82	43
Ukraine	49,1	72	98	20
Uruguay	3,4	90	98	16
Vanuatu	0,2	96	88	42
Viet Nam	79,5	95	77	38
Zambie	10,3	66	64	202
Zimbabwe	12,8	80	83	123